LA VERITÉ

SUR

L'ARRESTATION DE MADAME

DUCHESSE DE BERRY.

Les exemplaires exigés ayant été déposés, tout contrefacteur sera poursuivi suivant toute la rigueur de la loi.

DEUTZ.

LA VÉRITÉ
SUR
L'ARRESTATION
DE
MADAME
DUCHESSE DE BERRY,
OU
LES MENSONGES DE DEUTZ DÉVOILÉS,

SUIVIE

DE PLUSIEURS PIÈCES ET DOCUMENS POUR SERVIR A LA
BIOGRAPHIE DES GENS DE NANTES,

PAR Ty... MOREL, DOCTEUR-MÉDECIN ;

Avec Portrait du Traître ;

AUGMENTER DE L'HOMME QUI LIVRE UNE FEMME,

PAR VICTOR HUGO.

Ab immundo quid
Immundabitur, et à mendace
Quid verum dicetur?
ECCL. 34.

Il est temps que la France connaisse
Deutz.

PARIS.
LEVASSEUR et COMPAGNIE, Éditeurs,
Place Vendôme, 16.

—

1836.

AVANT-PROPOS.

Qui est l'auteur du présent écrit. Ce qui l'a porté à reprendre la plume.

Ille ego qui quondam.
Æn. I.

Il fut un temps où les grands coupables n'avaient rien tant à cœur que de se dérober aux regards du public, et de se tenir caché le plus qu'ils pouvaient. Mais nous avons le bonheur de vivre dans un siècle de progrès qui avance à pas de géant vers la perfection en toutes sortes de matières, comme chacun sait; et les scélérats de nos jours n'ont garde de *rester en arrière du siècle*. Ils traitent de *perruques* leurs confrères du vieux temps, qui avaient la simplicité d'éviter la société et le grand monde, et se priver ainsi volontairement des douceurs de la vie, auxquelles l'or, produit de leur industrie, leur donnait, dans l'opinion de ces messieurs, un droit incontestable.

Maintenant les êtres qui révèlent leur existence par des crimes d'éclat, bravent avec une impassibilité stoïque la première explosion de l'indignation universelle; et à peine la bourrasque s'est-elle un peu calmée qu'ils se présentent, étalant un luxe scandaleux entretenu par le fruit du forfait;

et avec la plus révoltante effronterie, ils vous disent : *Me, me, adsum qui feci* (*a*). « C'est moi, moi-même, qui l'ai fait : je me moque du *qu'en dira-t-on.* »

C'est ainsi que notre littérature s'est enrichie récemment d'une foule d'œuvres d'un genre nouveau : *Mémoires de Vidoc, mémoires d'un forçat, compositions en vers et en prose de Lacenaire, épître de Fieschi, etc.* ; en un mot des productions de héros que réclament la guillotine et le bagne. Ces misérables font part au public, avec complaisance, de leurs *plus beaux exploits.* « O étrange orgueil ! peut-on s'écrier avec l'orateur romain ; se glorifier du crime : » *O superbiam inauditam, in facinore gloriari !* (Cic. ad Brut.)

Après ces premiers pas, ceux de ces êtres dépravés qui ont su éviter leurs justes punitions, cherchent à reparaître dans la société d'où leurs crimes les ont chassés. Quand on a tant fait que de donner son âme au diable, de sacrifier honneur, réputation, repos, etc., et pour se procurer une somme rondelette, on ne se soucie pas de se séquestrer pour la vie du commerce des hommes, et d'aller faire l'ermite dans un trou de hibou ; on voudrait manger agréablement l'or qu'on a si chèrement acquis. *Mangeons et buvons*, disent-ils, *car la vie finit aujourd'hui* (1) (Ep. de Saint Paul aux Cor. XV.). On voudrait, sans se faire couvrir la figure de crachats, se montrer avec l'avantage des richesses à la promenade, au bal, au spectacle, aux fêtes, aux réunions; pouvoir participer, sans éprouver à chaque moment de sanglans affronts, aux jouissances qu'offre le commerce de ce que l'on appelle dans le monde, *la bonne compagnie.* Alors on *arrange* soi-même son histoire. On se traite avec une charité vraiment exemplaire, et une indulgence qui n'a rien à envier à celle du prophète, lorsqu'il dit : *Quand vos péchés seraient comme le cramoisi, ils deviendront blancs comme neige; et quand ils seraient rouges comme du vermillon, ils prendront la blancheur de la neige* (Isaïe, 1. 18.).

Telle est la tactique des misérables dont je parle. Ils entassent mensonges sur mensonges, dans le fol espoir de donner le change au public, et de s'en faire innocenter. Ce plan d'imposture dressé, ils s'en vont quêter un *badigeonneur* qu'ils finissent toujours par trouver; car, dans notre *siècle d'argent*, les plumes mercenaires ne manquent pas à celui qui a le gousset bien garni, n'importe comment.

Mais qu'est-il jamais résulté de ces manoeuvres? Le bon sens public a fait justice de leur échafaudage de mensonges; et ces malheureux n'ont fait qu'aggraver leur déplorable condition.

Leçon perdue. Le mauvais succès des uns n'effraie pas les autres : et nous voilà condamnés pour long-temps à lire les mémoires et les *factum* de messieurs les scélérats. D'ailleurs c'est à présent la fureur de faire parler de soi, sans être trop difficile sur le genre de célébrité au moyen duquel on *perce la foule*. Si l'on ne peut être un Aristote ou un Alexandre, on tâche de se faire une renommée à l'*Erostrate*. Cela vous procure toujours le plaisir d'*être* DESSUS *le journal*.

Et Deutz aussi, l'ignoble héros de Nantes, se traînant sur les traces de ces littérateurs flétris, vient de *lâcher sa brochure!* Déjà ses dignes prédécesseurs lui ont enlevé le mérite de l'invention. De plus, le système d'hypocrisie et de *gros mensonges* qu'il veut réssusciter des feuilles de l'opposition de quinze ans, de comédienne mémoire, n'est plus de mise.

Si ce misérable n'avait cherché qu'à *se blanchir*, je me serais contenté de l'insuccès de son entreprise, et du cri d'indignation qui s'éleva de toutes parts lors de l'apparition de cette œuvre malencontreuse (*b*). M. Thiers et sa police savent, encore mieux que les légitimistes, ce qu'il faut penser du *désintéressement patriotique* de l'homme que les fonds secrets ont enrichi, du vil mendiant qui ne rougissait pas jusqu'alors de tendre la main à l'aumône plutôt que de se procurer par le travail un morceau de pain honnêtement gagné, du vagabond sans patrie (*c*). Mais Deutz ne se borne pas à sa ridicule défense : il attaque ! Il attaque avec une fureur inconcevable des personnes à qui il doit respect et reconnaissance. Il les calomnie, le lâche ! Ainsi, déjà traître à la duchesse de Berry, il devient félon à tous ses protecteurs et bienfaiteurs ; et, dans sa rage aveugle contre son ancien beau-frère, il va jusqu'à jeter des nuages sur la réputation de sa propre sœur, qu'il appelle encore *ma sœur de prédilection!*

N'était cette coupable aggression, la charité chrétienne m'aurait empêché de montrer *Simon Deutz* dans tout son hideux. Mais si l'on a le droit d'éclairer la moralité d'un témoin cité en justice, afin de peser le degré de confiance que mérite sa déposition, à plus forte raison à-t-on le même droit envers un homme qui se porte accusateur spontanément, non-seulement sans provocation, mais en violant toutes les convenances.

Puisque Deutz s'applaudit d'avoir été *emporté par les évènemens hors de la foule où il courait risque de se perdre* (d), je lui rendrai le service d'accroître sa triste célébrité. Non-seulement la *France* (e), mais aussi la *Prusse,* patrie du monstre, mais toute l'Europe trouvera ici une notice exacte sur le nouveau Judas. Elle saura au juste ce qu'en ont fait, depuis son bas âge, la *nature,* son *éducation* et les *évènemens* (f).

Peu de personnes sont plus que moi en état de rendre ce service *au pays.* Dans mes premières années, gamin juif de la rue Beaubourg, je polissonnais avec Deutz par tous les quartiers de Paris, du matin au soir. Nous étions intimes : point de secret entre nous. Si plus tard mon père tint la main à ce que j'apprisse quelque chose, tandis que le sien, dans sa nonchalante insouciance pour l'éducation de ses enfans, continuait à le laisser battre le pavé, je ne cessai pas pour cela de voir Simon dans mes heures libres, et jours de congé.

Depuis l'époque où j'ai cessé de le pratiquer, je me trouve en position de lui administrer des démentis qui le couvriraient de honte et de confusion s'il lui restait un peu d'âme.

Mais je ne me borne pas à rétablir la vérité. Je ferai voir de plus que, même en admettant pour un moment les assertions de l'*insolent menteur*, il faudrait encore le condamner d'après son propre dire : *de ore tuo te judico*, SERVE NEQUAM ! « Méchant serviteur, je te condamne *d'après ton propre dire !* » (saint Luc XIX. 22.)

Je ferai donc un *commentaire* sur l'écrit dans lequel Deutz promet de *dire tout sans* AMBAGE *et sans réticence*. J'aurai des *ambages* à débrouiller et des réticences à relever : il m'a laissé plus d'une lacune à remplir. Je ferai ressortir les contradictions dans lesquelles ses mensonges le font tomber continuellement : Aux affirmations de Simon j'opposerai des faits avérés, notoires, et *ses propres lettres*, dont il paraît n'avoir plus souvenance, ou qu'il croit n'avoir pas été conservées (*g*). Enfin, j'admettrai pour un moment comme vrai ce qu'il débite dans ses *blagues :* je me sers de son expression favorite, pour montrer que son propre système le condamne, tant s'en faut que son crime soit justifiable !

Il me reste à dire un mot sur l'auteur présumé du pamphlet que je réfute. On croit généralement que c'est une œuvre de la police, et plusieurs feuilles l'ont répété. Je suis persuadé que cette inculpation n'est pas fondée ; il y a dans la brochure un anachronisme qui ne serait pas échappé. Je ne l'ai perdu de vue que vers l'époque de mon baptême, qui eut lieu en 1826. Je puis parler de ses *escapades* en parfaite connaissance de cause.

Mais je ne combats jamais retranché derrière la *barricade de l'anonyme*. Je me présente à découvert. Je me nomme en toutes lettres : Deutz me connaît. Je m'appelle *Morel*. Mon nom juif était *Gumpel*; j'ai pris, à mon baptême, pour prénoms, ceux de *Ignace-Xavier*. Je suis né à Mutzig, petite ville du département du Bas-Rhin. Mon père, connu parmi les juifs sous le nom de *Yekl Montsich*, d'une famille lévite, m'amena fort jeune à Paris où nous nous établîmes. Notre domicile a été successivement rue Beaubourg et dans les petites rues adjacentes. Ma mère *Hendla-Mouttsich*, devenue veuve, quitta la capitale après ma conversion, par suite de l'intolérance des Israélites de Paris.

C'est moi qui, en 1826, ai publié dans le *mémorial catholique* du mois de mars, une lettre sur les persécutions éprouvés par M. Drach, persécutions dont Simon Deutz avait été le plus actif instrument. *Ille ego qui quondam*..... Dès lors j'annonçai ma résolution de reprendre la plume *touets et quantes fois besoin sera*. Le moment est venu. La brochure de Deutz, traître et apostat, est un tissu d'impostures, un libelle où l'audace du hardi menteur le dispute au dévergondage de l'impudent le plus effronté. M'étant procuré des renseignemens et des documens relatifs à la vie aventurière de cet homme vil et abject, à la police. L'auteur, pour faire une flagornerie au ministère, se déclare (p. 61) *ami de la liberté d'écrire, la plus large, la plus illimitée;* et page 79, dans sa lettre qu'il écrit au nom de son *honorable client*, il dit modestement que son talent s'était révélé dans plus d'une *lutte pour la liberté de la presse*. Or, les membres du cabinet actuel demandaient à grands cris cette *liberté large* dans un temps qui est bien passé, archi-passé, quand ils mouraient d'envie d'arriver à des portefeuilles. Mais depuis qu'ils en ont ramassé dans les barricades de juillet, ils n'ont cessé de guetter l'occasion de rendre cette liberté aussi *étroite* que le trou de la plus fine aiguille anglaise. D'ailleurs, parmi les mille reproches que j'entends journellement faire au ministre de l'intérieur, il n'y a jamais celui d'être un sot. Certes, il le serait au superlatif s'il s'était fait décerner des éloges par Deutz (*h*). Il ne sait que trop combien cet individu est flétri dans l'opinion publique. Ergò, la police doit être mise hors de cause.

Alors qui diable peut être l'auteur de cet infâme libelle? Oh! les juifs et ceux qui connaissent le personnel de la famille de notre traître, n'ont pas hésité à en attribuer le mérite au *père Deutz*. C'est un vieux renard, plein d'astuce, qui en sait plus d'une : demandez plutôt à ses compatriotes et à ses coreligionnaires de Coblentz. Les journaux annoncèrent dans le temps qu'incontinent après sa *glorieuse expédition* de Nantes, Deutz, le fils, eut une longue entrevue, suivie de quelques autres, avec M. son père le rabbin. C'est *à la suite de ces conférences*, que Simon alla mendier de porte en porte un avocat qui voulût bien expliquer au public *comme quoi, en bon citoyen, il avait fait un grand acte de patriotisme* (*i*). Cette idée de transformer une noire trahison en un dévoûment patriotique, quoiqu'elle ne puisse pas soutenir le moindre examen, n'est pas maladroite, et j'ose affirmer qu'elle est tout-à-fait du *style*, du savoir faire de ce rusé matois de vieux Deutz.

Ce qui me confirme davantage dans cette opinion, c'est que, dès le mois de juillet 1834, Deutz, le rabbin, écrivit une lettre comminatoire à M. Drach (*j*), *le menaçant du factum* qui a effectivement paru dans le libelle de son fils Simon Deutz.

Enfin, pour dernier trait, on voit percer dans tout le pamphlet la haine envenimée du vieux rabbin contre l'Église, et sa rage diabolique contre le saint et vénérable vicaire de N. S. J.-C., qu'il accuse, renouvelant la calomnie des anciens pharisiens, d'être *l'ennemi de César* (voir le libelle, p. 20) : *Hunc invenimus subvertentem gentem nostram, et prohibentem tributa debita Cæsari.* (S. Luc. XXIII. 2.)

I.

Patrie de Deutz. — Il n'est pas Français !

A tous les cœurs bien nés que la patrie est chère !
VOLTAIRE *(Tancrède).*

Simon Deutz, ainsi qu'il le dit lui-même dans son pamphlet, page 5, naquit à Coblentz, en Prusse, au commencement de l'année 1802. A l'âge d'environ neuf ans, il vint avec sa famille à Paris, où son père obtint le poste de *troisième grand-rabbin* du consistoire central des juifs de France (1).

L'intolérante restauration venait d'accorder à ce rabbin des lettres de naturalisation, lorsque son fils aîné, Samuel, atteignit l'âge de la conscription. Le maire du septième arrondissement le porta sur la liste des jeunes gens de la classe de l'année. Mais si la France est bonne pour y chercher un asile confortable et un traitement de six mille francs, il ne s'ensuit pas, dans la logique de rabbi Emmanuel Deutz, qu'il faille la servir pendant quelques années le fusil sur l'épaule et le sabre au côté. Notre nouveau francisé avisa donc au moyen d'éluder la fâcheuse invitation des autorités du département de la Seine. Il pensa d'abord à déclarer que son fils se destinait à l'état de rabbin ; mais Samuel, espèce d'imbécile, était trop visiblement inepte à l'étude d'une science quelconque. On l'aurait fait passer aussi facilement pour aspirant à l'école Polytechnique. Alors ce juif madré qui a toujours plus d'une corde à son arc, trouva une autre échappatoire : il excipa de la qualité d'étrangers de ses enfans, nés en Allemagne, et même de ceux nés en France avant sa naturalisation. Le préfet ne voulut point se contenter de ce moyen d'excuse. M. Deutz plaida contre lui et obtint un jugement du tribunal civil, qui déclara ses enfans étrangers, et conséquemment non sujets au service militaire en France.

C'est en vertu de cette décision que Simon n'a pas concouru à la conscription de 1822.

Ainsi voilà un arrêt solennel qui déclare *non-Français* le traître qui a livré la duchesse de Berri. Dieu en soit loué, et nos magistrats de Paris aussi ! Il n'est pas Français, et il n'a pas souillé par sa présence les rangs des braves de notre glorieuse armée.

Ne croyez pas pour cela qu'il allât dans le pays dont il se réclamait, acquitter la dette du service militaire. Pas si sot, lui! Quand le roi de Prusse l'appela dans la landwehr, il répondit à S. M. très luthérienne : « Beau sire, vous n'y songez pas. Mon père est fixé à Paris et naturalisé Français. Partant, je suis *fils de Français.*

De cette manière, chauve-souris, il se disait *souris* ou *oiseau*, selon le besoin du moment.

Moi, souris! Des méchans vous ont dit ces nouvelles.
 Grâce à l'auteur de l'Univers
 Je suis oiseau; voyez mes ailes :
 Vive la gent qui fend les airs!

 Qui fait l'oiseau? c'est le plumage.
 Je suis souris; vivent les rats!
 Jupiter confonde les chats!

Ce n'est pas tout encore. Simon a été baptisé à Rome. Or, les juifs baptisés en Italie, changent de *nom* aussi bien que de *prénoms.* De plus, en vertu de la constitution *Cupientes Judæos*, du pape Paul III, ils acquièrent droit de bourgeoisie dans la ville où ils reçoivent le baptême. Deutz, pour faire une récolte d'aumônes plus abondante, et dans la vue d'obtenir un emploi déclara à Rome vouloir profiter du bénéfice de la loi. Le voilà donc *romain* sous le nom de *Gonzague* (Hyacinthe), sans oublier l'ambitieux *de* : H. de

Gonzague. *M. de Gonzague*! (Voy. le pamphlet p. 49), comme cela sonnait agréablement aux oreilles de notre Judas qui a eu toujours du goût pour les titres de noblesse!

Par une conséquence naturelle, le passe-port que lui délivra l'autorité pontificale, devait porter ses nouveaux nom et prénoms, ainsi que sa nouvelle patrie. Car devant la loi il était *romain* tout aussi bien que le prince Borghèse. (2)

Ainsi, après être sorti de France *Prussien*, il y revient *Romain*. Cela nous explique pourquoi les autorités françaises ne l'ont pas fait arrêter et punir comme voyageant sous un faux nom. Car Dieu me préserve de leur supposer deux poids et deux mesures. On sait que d'autres voyageurs ont été condamnés à la détention pour le même délit.

Je demande maintenant, si l'on peut s'empêcher de rire des phrases suivantes de la brochure de Deutz?

Page 33. : « M. de Rayneval NOTRE ambassadeur de Madrid. »

Page 38. : « M. L.... l'un de NOS agens diplomatiques à Lisbonne. »

Page 36. : « Madame faisant allusion à NOTRE expédition contre le roi Guillaume de Hollande. »

Que la servante du curé dise : *notre vache, nos poules*, cela se conçoit : elle est pour quelque chose dans la maison. Mais qu'est-ce que Deutz est à la France?

Que ce misérable ne vienne donc plus nous dire. (p. 75.) « Le pays menacé a fait un appel à *ses enfans*, le crime de Deutz est d'avoir répondu à ce cri de détresse. » Quand le *pays de France* fait un appel à *ses enfans* il ne s'adressse pas aux *enfans de la Prusse*, avec lesquels les *enfans de la France* ne sympatisent pas trop. En 1822, le pays fit aussi un *appel à ses enfans*, celui de se ranger sous le drapeau national. Deutz alors n'eut garde de *répondre à ce cri*. Il lui tourna le dos en disant : *Nenni! je ne suis pas des vôtres*. Mais un suppôt de police offre-t-il un honteux salaire à la perfidie? Deutz à l'instant se présente, et, sans concurrent, gagne le prix de l'infamie. Après cela, il a l'assurance de dire qu'il a répondu à *l'appel que le pays faisait à ses enfans*.

Vil étranger, tu calomnies lâchement notre patrie! La France n'a jamais fait cet exécrable appel. Elle ne fait point d'appel à la trahison : elle la déteste. Puissante, courageuse, noble, ayant la conscience de sa force, elle marche droit devant elle, combat loyalement l'ennemi qu'elle rencontre sur son chemin, le renverse et passe outre. Pour les moyens perfides, elle les abandonne avec mépris et dédain à la moderne Carthage, son ennemie naturelle.

Ainsi ce cœur vicieux, flétri de bonne heure par des passions déréglées, et une sordide avidité n'a jamais palpité au nom sacré de *patrie*. Sans foi et sans pudeur, Deutz renie et adopte des patries selon l'intérêt du moment, comme pour le même motif, il renie et adopte des religions. En 1822, effrayé de l'uniforme, il se fait déclarer juridiquement *prussien*, en même temps qu'il se *déprussie* de l'autre côté du Rhin. Plus tard, pour l'aumône de quelques misérables piastres, il tend une main suppliante, et crie : *Je suis citoyen Romain*. Et lorsque une noire trahison, accompagnée des circonstances les plus odieuses, l'a couvert d'ignominie et d'opprobre, il veut être *Français* !

Voilà le *Français de plus* que nous ont valu les derniers évènemens politiques.

II.

Deutz né en 1802, avait *sept* à *huit* ans en 1806. — Il suit son père à Paris sans quitter Coblentz. — Autres *vérités* de la même force.

Celui qui s'appuie sur des mensonges, se repaît de vents.
P<small>ROV.</small> C<small>HAP.</small> X.

« Je n'avais encore que *sept* à *huit* ans lorsque mon père, *grand-rabbin*, fut appelé à Paris, pour faire partie de l'assemblée du Sanhédrin, convoquée par Napoléon : je le suivis. » (Texte du pamphlet, p. 6.)

Simon commence son roman par des mensonges palpables. Il y a dans ce peu de lignes que je viens de transcrire presque autant de faussetés que de mots. Il est impossible qu'elles soient l'effet d'une erreur : chacun connaît sa propre histoire mieux que qui que ce soit.

Il est notoire que *l'assemblée des députés* de

la nation juive, convertie *plus tard* en Sanhédrin, tint sa première séance à Paris le 26 juillet 1806 (3). Le décret de convocation de cette assemblée, daté du palais de Saint-Cloud, *même année*, désigne pour le département de Rhin-et-Moselle, « Emmanuel Deutz, *rabbin* à Coblentz » et trois laïques. Le Sanhédrin, dans lequel entrèrent de droit tous les rabbins de la première assemblée (4), n'ouvrit le cours de ses séances que le 9 février 1807. Il avait pour chef le rabbin David Sintzheim; pour premier assesseur le rabbin Samuel Sègre; pour deuxième assesseur le rabbin Abraham Cologna. Quant à notre Emmanuel Deutz il était rangé parmi les rabbins les plus ordinaires (5).

Après la dissolution du Sanhédrin, laquelle eut lieu le 9 mars 1807, Em. Deutz *s'en retourna* auprès de sa femme et de ses enfans, à Coblentz, et *continua d'y demeurer*. En 1809, il fut fait grand-rabbin de la synagogue de la même ville (6). Et ce n'est qu'après avoir exercé pendant quelques années à Coblentz qu'il émigra à Paris *avec sa famille*.

De tout ceci il résulte clairement :

1° Que Simon ne suivit point son père, lorsque celui-ci fut appelé à Paris pour siéger dans l'assemblée des notables.

2° Qu'en 1806 il n'avait pas, comme il le dit, *sept* à *huit* ans, mais *quatre* à *cinq* ans. Lui-même commence son histoire en ces termes : « Né à Coblentz en janvier 1802. » (pag. 5.) (7).

3° Que Deutz père ne fut pas appelé à Paris pour siéger dans le Sanhédrin, mais pour faire partie de *l'assemblée des députés*. (8.).

4° Que ce n'est pas son père *grand-rabbin* qui fut désigné par l'assemblée des députés juifs, mais son père *rabbin*. Nous venons de rapporter les termes du décret impérial.

Voilà comment Simon entre en matière. Il débute par de grossiers mensonges, pour nous donner à croire que déjà en 1806 son père était *grand-rabbin*, tandis qu'il n'a cette qualité que depuis 1809 ; que son père a été appelé à Paris comme *membre du Sanhédrin*. Et savez-vous pourquoi cette petite supercherie ? Parce que *membre du Sanhédrin* c'est plus beau que *député juif* ; que lui, Simon, est arrivé à Paris quelques années plus tôt qu'il n'y est venu réellement.

Ces points sur lesquels Simon déguise ridiculement des faits avérés, ne seraient que des vétilles s'ils ne servaient à montrer dès le début de son libelle, avec quelle audace il brave la vérité et même la notoriété publique, pour peu qu'elle contrarie le moindre de ses calculs, la moindre de ses plus petites vanités.

III.

Singulière éducation de Deutz. — Progrès qui promettaient l'homme de Nantes. — Deutz grand garçon. — Deutz écornifleur.

> *Quelques crimes toujours précèdent les grands crimes :*
> *Ainsi que la vertu le crime a ses degrés.*
> RACINE (*Phèdre*).

« Il (Deutz père) continua à Paris mon éducation, et plus tard, me laissa le choix d'un état. » (Texte du pamphlet, p. 6.)

Nous aurons plus d'une fois occasion de remarquer que Deutz qui promet dans son libelle (p. 3) de dire *tout sans ambages*, pour jeter un voile sur certaines circonstances de sa vie, se sert de phrases obscures destinées à donner le change au lecteur, se réservant *in petto* le véritable sens de ces phrases entortillées. C'est bien le cas du proverbe : *l'entente est au diseur*. Malheureusement pour lui je le suivrai un bon flambeau à la main. La vérité n'en paraîtra que plus éclatante, et le public y gagnera.

Que veut dire : IL *continua mon éducation* ? D'abord Deutz père, ne sait pas un mot de latin ; il ignore jusqu'aux premiers élémens de l'allemand qui est sa propre langue (9). Inutile de parler d'autres connaissances. Tout son savoir se borne à son grimoire de Talmud. Ce n'est donc pas lui personnellement qui aurait pu *continuer l'éducation* ni de Simon, ni de qui que ce fût. D'un autre côté, Simon a-t-il suivi les cours d'un collége royal ? ou a-t-il eu des professeurs particuliers ? Mais outre que toutes ses lettres, que j'ai fait venir de Rome, dénotent un homme sans culture (10), il est avéré que ce n'est qu'à vingt-six ans que, cédant aux sollicitations de M. Drach, il se mit au latin, en commençant par *musa, musæ*. Ceci résulte des quatre extraits suivans de ses lettres écrites de Rome à son beau-frère.

1° « Ce qui me console beaucoup, c'est qu'*en partant* (11), vous, mon cher frère, vous m'avez dit que je pouvais encore parvenir à être un savant, et que vous feriez tout ce qui pourrait dependre de vous pour m'être utile en ce sens. » (Voir pièces déposées N° 4.)

2° « Je vois journellement ici mes bons PP. Jésuites..... Ils m'ont déjà désigné aussi quelqu'un pour m'apprendre le latin (12), P. Châteaubriant *doit être* chargé de ce soin. » (Voir *ibid.*)

3° « Je continue toujours mes leçons de latin, je traduis l'*Epitome historiæ sacræ* et un peu de *Cicéron*, j'espère qu'avec le temps je *parviendrais à pouvoir* comprendre facilement, au moins tous les auteurs sacrés, dont le latin, à ce que l'on m'a assuré, *était* moins difficile que les *auteurs* profanes anciens. » (Voir p. dép. n. 14.)

4° « Le meilleur serait de me donner les moyens de passer six mois ici à étudier le latin et l'italien, comme je fais maintenant, et ensuite je trouverai facilement à me placer. » (Voir pièces déposées, n. 5.)

Ces passages des lettres de Deutz sont plus que suffisans pour montrer que son éducation avait été entièrement négligée, lorsqu'en 1827 et 28, M. Drach s'occupa à lui procurer une teinture d'instruction. Quel peut donc être le sens de ces mots : *Il continua à Paris mon éducation ?*

En attendant qu'il plaise au père Deutz ou à son cher fils de nous donner le mot de cette énigme, je ferai part, moi, au public, de ce que je sais à ce sujet.

Emmanuel Deutz, une fois en possession de sa place de troisième grand-rabbin, place qui n'est qu'une espèce de sinécure (3), passait son temps dans une indolente oisiveté. Je venais rarement chez lui de jour, sans le trouver endormi devant sa table, la tête couchée sur les deux bras disposés en traversins. Il ne se souciait en aucune manière de ce qui se passait dans sa maison. Son apathie était telle qu'il laissait aller ses enfans à l'abandon, la bride sur le cou. Les garçons, qui déjà n'étaient pas venus en France, trop bien morigénés, profitèrent largement de cet état de liberté illimitée. Ils ne tardèrent pas à arriver à la hauteur de la malice et de la perversité des gamins juifs de la rue Beaubourg, voisine du domicile de leur père (1). On sait que dans la capitale les gamins ont le transport libre d'un quartier à l'autre. Pour cela, ils n'ont qu'à se donner la peine de sauter derrière le sapin qui se rencontre sur leur chemin, sauf à rentrer avec quelques raies livides dans la face, si le cocher en sabots a été par hazard de mauvaise humeur. La communauté juive murmurait de ce qu'on voyait souvent juchés derrière les fiacres MM. les fils de M. le grand-rabbin. « Les ministres protestans qui ne sont que des infidèles, disaient nos juifs, ne déshonorent pas ainsi leur église : ils tiennent mieux leurs enfans. »

En vérité, MM. les Israélites se scandalisent de bien peu, car je puis affirmer que c'était là le moindre défaut de la gentille nichée du grand-rabbin. Cependant les voisins chrétiens, et les passans, outrés des tours pendables de ces polissons, ne s'en tinrent pas à des plaintes stériles : et un beau jour, le seigneur Emmanuel Deutz fut éveillé de sa torpeur par une citation du tribunal de police.

Force fut à *M. le grand-rabbin du consistoire central des Israélites de France* de *comparoir* au milieu des marchands de toute espèce, des charretiers et des charabias. La voix stridente de l'huissier l'ayant fait avancer à son tour, il se vit accusé d'avoir laissé des personnes de sa maison *saucer* un passant sur la voie publique. Il voulut baragouiner quelques mots d'excuse dans son jargon *germanico-français*. Les marchandes, les charetiers, et jusqu'aux charabias, se laissèrent aller à cette hilarité bruyante qu'on appelle le gros rire du peuple. La gravité des juges menaçait à chaque instant de perdre l'équilibre, lorsque le président se composant le mieux qu'il lui fut possible, rompit le fil de cette étrange éloquence, en disant : La cause est entendue ; nous condamnons, etc. M. le grand-rabbin s'entendit condamner à une amende et aux frais, pour n'avoir pas mieux élevé ses enfans. Cette humiliante leçon lui coûta une soixantaine de francs.

Si notre Simon était un homme sincère, j'invoquerais son témoignage, car plus d'une fois, il nous a fait rire, nous autres ses amis, en contrefaisant le plaidoyer de son père qu'il avait accompagné au tribunal.

Mais laissons les jeunes Deutz polissonner tout à leur aise, et suivons *les progrès* de Simon dans son *éducation continuée à Paris.*

Celui-ci, né avec un esprit inquiet et turbulent, et avec des passions violentes qu'on ne lui a jamais appris à modérer, laissa loin derrière lui en fait de corruption, les jeunes vauriens ses compagnons qui, seuls, paraissaient avoir été chargés de *continuer son éducation*. Et les bons maîtres en ce genre, c'est-à-dire les gamins du plus sale libertinage, ne manquent pas dans notre bonne Lutèce. Que l'on se figure, si cela se peut, sans effroi, ce que devait devenir au milieu de pareils Mentors un garçon des dispositions de Simon, dans le terrible moment des premiers bouillonnemens de la nature, sans surveillance, et surtout sans la moindre occupation qui pût donner une issue salutaire à cette fougue juvénile qui se débordait! Nous autres camarades de Deutz, qui, je l'avoue à ma confusion, ne valions pas grand'chose non plus, nous nous étonnions souvent du degré de dépravation où il était arrivé, et quelquefois de l'extravagance de ses projets de séduction. Il ne voulait jamais regarder comme un obstacle sérieux la vertu connue des jeunes personnes sur qui il avait jeté les yeux, ni la haute position sociale qui semblait lui rendre impossible tout accès auprès d'elles.

Deutz a fait l'aveu que sa jeunesse a été *orageuse* et *sans religion*; je certifie que ces orages ont commencé de bien bonne heure chez lui.(15) Hélas! ils durent encore dans toute leur violence. Peu de temps après son baptême, l'incontinence, et par suite l'irréligion rentrèrent dans la place ; car, chez Simon le vice est devenu une seconde nature qui revient toujours par la fenêtre quand on la chasse par la porte. Au reste, Deutz n'a jamais caché sa passion dominante pour les femmes ; loin de là, il en tirait vanité ; ainsi, quand il expédiait un courrier à franc étrier au conseil des ministres, qui se réunissaient presque tous les soirs, *attendant avec anxiété des nouvelles de Nantes* (pamphlet, p. 52.), il mandait à LL. EE., dans sa dépêche : « La voix d'une femme a toujours eu beaucoup de pouvoir sur moi. (Ibid.)

Il faut convenir que le moment était bien choisi pour ces confidences sentimentales qui devaient beaucoup flatter le ministère français ; qu'on imagine la trahison prenant des gants jaunes et se donnant des airs de fatuité, et l'on rirait, si l'on pouvait rire, quand l'horreur l'emporte sur le ridicule.

Avant d'aller plus loin, nous croyons devoir répondre à une objection qu'on ne manquera point de nous faire.

Peut-être quelques lecteurs trouveront-ils que nous recherchons avec trop de curiosité les circonstances d'une vie qui, si elle a brillé un moment d'une épouvantable lueur, n'avait rien d'ailleurs qui dût la faire sortir de l'obscurité à laquelle elle semble appartenir tout entière ; mais le goût du public n'a-t-il pas été toujours d'accueillir avec une indéfinissable avidité jusqu'aux moindres détails sur la vie de ces grands criminels qui, comme Fieschi, Lacenaire ou Deutz, ont épouvanté la société, sans doute pour saisir le moment où l'homme vulgaire s'est effacé pour faire place au coupable ; en un mot, afin de prendre, s'il est possible, comme disait Fontenelle, la *nature sur le fait* ?

De pareilles recherches ne sont pas indignes de l'observateur; elles appartiennent à la connaissance de l'homme qu'il faut étudier dans ses misères comme dans ses grandeurs ; c'est ainsi qu'il faut expliquer cette sympathie pour les détails biographiques dont le philosophe ne se défend pas davantage que le public.

Cette courte digression me paraît nécessaire pour me justifier auprès de ceux des lecteurs qu'entraînerait un sentiment si naturel de dégoût et de répulsion pour Deutz ; qu'ils veuillent donc bien comprendre que Plutarque avait choisi ses héros et qu'il faut au contraire du courage pour se poser le Plutarque de Simon Deutz.

J'ajouterai que, pour me conformer à la règle *est modus in rebus*, je n'ai point jetté sur le papier, à l'aventure, toutes les anecdotes que je possède sur le Judas moderne.

J'ai dû faire choix, dans le nombre, de celles seulement qui pouvaient servir à fixer cette sinistre et coupable physionomie dont j'ai consenti à être le peintre.

Je reprends donc mes pinceaux.

Parvenu à l'âge où une certaine pudeur naturelle ne permet plus de faire le gamin dans les rues, Deutz *perfectionna son éducation* en dévorant les romans les plus orduriers. Les circonstances secondaient merveilleusement son goût, car c'était l'époque où des hommes sans foi et sans principes jetaient dans le public les productions les plus obscènes, pour pervertir les moeurs et arriver par ce moyen au bouleversement de la société. Comme il ne pouvait lire commodément au logis, car la maison de son père était plus bruyante qu'un moulin, il s'établissait sur une borne de la rue. Là, absorbé dans sa lecture, il restait des journées entières, oubliant d'aller prendre ses repas. Il ne s'apercevait pas plus des heures qui s'écoulaient que des piétons et des voitures qui passaient. Cette rage ne se calmait qu'à la fin du roman ou quand la nuit avait jetté ses ombres sur les feuilles du livre.

Pour satisfaire les passions qui s'allumaient chez Simon, il fallait de l'argent; mais son père dormait et n'en donnait point. Que de fois déjà uniquement occupé des coupables jouissances qui avaient pour lui tant d'attrait, Simon nous disait : « Je me creuse le cerveau, je ne songe
« qu'à trouver le moyen de jeter un filet qui m'a-

« mène au moins *un million* : avec 50,000 fr. de
« rente, comme M. Lazare (16), je m'en donne-
« rais à cœur joie. »

Un million! un filet! serait-il donc vrai que chaque homme a des paroles prophétiques!

Deutz le père ne pouvant donner de l'argent à son fils pour le faire vivre à Paris, trouva plus facile de l'en éloigner; il l'envoya à Wintzensheim, village de l'Alsace, chez un Rabbin, sous prétexte de lui faire enseigner le Talmud; mais il ne put l'y fixer.

Après un essai tout aussi malheureux auprès de l'école juive de Metz, Deutz revint à Paris, où pour le sortir de sa dangereuse oisiveté, on voulut lui donner un métier; on le mit en apprentissage chez M. Sétier, imprimeur du consistoire central des Juifs; l'ouvrier chargé du jeune apprenti fut un certain *Maison*; cet homme qui rarement n'avait pas de la barbe (17), commençait ordinairement sa semaine le jeudi, voire même le vendredi; on juge ce que Deutz a pu acquérir sous un pareil maître; néanmoins, muni de son livret de compositeur, il entra dans les ateliers de M. Didot (18); mais il n'y resta pas long-temps.

Vers ce temps-là, sa conduite fût si *légère* qu'il n'osa plus reparaître dans la maison paternelle.

Retiré, je ne sais où, Simon venait clandestinement prendre ses repas chez son beau-frère M. Drach, que dorénavant nous verrons devenir son refuge toutes les fois qu'il se placera.

par son inconduite dans une mauvaise position. Cependant la tendresse excessive de madame Deutz (20) ramena Simon au domicile de son père.

Ici commence une nouvelle période de l'histoire de notre héros. Il retourna à son ancienne vie fainéante et dérangée, mais en même temps il se donnait des airs, et *renia* son métier qu'il ne reprit, momentanément et selon toute apparence pour la dernière fois, qu'en 1827. On aurait été bien mal venu à lui rappeler dans les sociétés, bien entendu sociétés juives, où il commençait à se répandre, qu'il était ouvrier imprimeur.

Parmi les qualités de Deutz, il ne faut pas oublier de signaler celle de parasite par excellence. Personne n'écornifle un dîner plus impudemment que lui : j'en atteste tous ceux qui ont été, tous ceux qui sont, tous ceux qui seront en rapport avec lui. Flânant par tout Paris, il s'invitait tantôt dans une maison, tantôt dans une autre. C'est surtout chez M. Drach qu'il portait sa parasite commensalité. Il avait pris pour celui-ci, son bienfaiteur, un vif attachement qui par la suite se changea en un sentiment bien contraire, comme nous le verrons en son lieu. M. Drach, au reste, a cela de commun avec tous les bienfaiteurs de ce monstre d'ingratitude. Le Vendredi-Saint, au soir, en 1823, Simon vint chez son beau-frère dans l'intention d'y dîner. M. Drach voulait, selon ce qui lui avait été recommandé, aller visiter le Saint-Sacrement à Notre-Dame où il devait être baptisé le lendemain. Il dit donc à l'importun piqueur d'assiette qu'il *avait à faire une visite* avant le repas. Deutz ne lâche pas prise facilement, quand il a jeté un dévolu sur le dîner d'une maison, c'est une chenille dont on ne saurait se débarrasser. Il s'offrit donc pour être de la course, et pour ne pas manquer son couvert, il entra avec M. Drach dans la cathédrale, sans témoigner le moindre étonnement de voir ce dernier dont il ignorait encore la conversion, diriger ses pas vers cet endroit. Ce soir-là, il paya donc sa pitance par la complaisance qu'il eut, non-seulement d'entendre le plus sagement du monde le *Stabat*, mais aussi de se laisser donner la bénédiction avec le Saint-Ciboire, bien que ce soit un crime pour les Juifs d'entrer dans une église, et à plus forte raison, d'assister à une cérémonie chrétienne...

Nous laissons notre pauvre Deutz prendre son repas qu'il a si bien gagné, et bon prou lui fasse. La journée de demain le rendra le plus ardent persécuteur de son amphytrion d'aujourd'hui.

IV.

Deutz persécute à outrance M. Drach. — Il lui fait des menaces de mort. — M. Drach bienfaiteur de son persécuteur. — Enlèvement et reprise des enfans mineurs de M. Drach. — M. Drach, spolié, pillé et plumé par Sara Deutz. — La conduite exemplaire de M. Drach à toutes les époques de sa vie, citée honorablement par les autorités israélites.

> *Bienheureux, vous qu'en haine de moi, l'on maudit, l'on persécute et accuse mensongèrement de toute sorte de mal.*
> St. Matth. V. 11.

§ I.

Je voulais d'abord renvoyer à la fin de ce volume le récit de la peréscution dont M. Drach a été l'objet; mais les évènemens qui se rattachent à sa conversion ont une telle connexité avec l'histoire de Deutz, qu'il aurait fallu pour cela intervertir l'ordre du sujet que je traite.

Il faut pour repousser les infâmes calomnies de Simon, raconter comment M. Drach a eu le malheur de s'allier à la famille de l'homme qui a pris rang parmi les traîtres historiques. Je prends l'affaire *ab avo*.

En 1813, M. Drach, âgé de 22 ans, était secrétaire du consistoire central dont le père de Simon était un des grands-rabbins. En outre, il était précepteur des enfans d'un riche israélite, feu M. Baruch-Weil, homme qui jouissait à juste titre d'une grande considération (21). Les rapides progrès et la solide instruction des jeunes Weil firent une si bonne réputation à leur instituteur que les meilleures familles le demandaient pour donner à leurs enfans au moins quelques heures de leçon par semaine. Il fut même demandé par des familles catholiques (22). Jeune homme d'un bel extérieur, ayant par son savoir et ses talens de l'avenir devant lui, M. Drach ne manquait pas de propositions de mariage : car les Juifs, surtout ceux de Paris, ont hâte de *placer* mesdemoiselles leurs filles. Un jour, pendant qu'il faisait la classe à ses élèves, voici arriver un garçon d'environ onze ans, misérablement vêtu : c'était *Simon Deutz*. Il vint dire à M. Drach : Papa vous prie de passer chez nous quand vous pourrez. » La leçon finie, M. Drach s'empressa de se rendre chez le rabbin. Celui-ci, sans préambule, lui propose Sara, la seule fille qu'il eût alors. M. Drach, venu chez son supérieur dans la pensée qu'il avait été mandé pour affaires du consistoire, fut pris au dépourvu par cette brusque proposition. En jeune homme, et craignant peut-être de déplaire au grand-rabbin, il répond sur le champ *oui*;

sans demander du temps pour réfléchir. C'était accepter mademoiselle Deutz de confiance, car il ne la connaissait point. Quelques jours après on célébra les fiançailles.

Simon dit (libelle page 63.) : « Un seul mem-
« bre de ma famille a été l'objet de ses bontés (de
« Madame), et cet homme est mon ennemi per-
« sonnel, et il ne s'est allié à nous que pour affli-
« ger la vieillesse de mon père, faire le malheur
« de ma sœur, me vouer à l'infamie et me dési-
« gner aux poignards du carlisme. Dans une lettre
« adressée à la *Quotidienne*, le 29 novembre 1832,
« Drach (23) a eu la lâcheté de donner mon signa-
« lement. Drach épousa en 1817 Sara ma sœur
« aînée, ma sœur de prédilection. »

Nous allons réduire à leur juste valeur ces diverses allégations dont la seule, vraie, est que M. Drach a été l'objet des bontés de S. A. R. Madame. Il en a professé publiquement sa gratitude (24), et ses sentimens envers son auguste bienfaitrice ne se démentiront jamais.

1° A la page 4 de son pamphlet, Deutz avait dit, qu'il *croyait n'avoir que des ennemis politiques;* ici, page 63, il lui convient de faire de M. Drach son *ennemi personnel.* « Il faut qu'un menteur ait bonne mémoire » dit Tite-Live : *Mendacem memorem esse oportet*; autrement, il se trahit par ses continuelles contradictions. La vérité seule est toujours d'accord avec elle-même. Nous verrons tout à l'heure que c'est par calcul que Deutz transforme un homme sans fiel en son *ennemi personnel*. Il sait mieux que qui que ce soit que M. Drach l'a comblé de bienfaits toutes les fois qu'il lui en a fourni l'occasion, même après l'avoir persécuté. Deutz le confessa lui-même dans des lettres écrites de Rome : nous les citerons plus bas, textuellement. D'ailleurs n'a-t-il pas entretenu avec cet *ennemi personnel* une correspondance *amicale* jusqu'au moment où il a trahi la princesse? (Voir pièces dép., n° 27.)

2° Loin d'avoir recherché l'alliance des Deutz, le pauvre M. Drach s'est trouvé pris avant d'avoir eu le temps de se reconnaître. On lui a jeté Sara à la tête.

3° M. Drach a toujours montré une grande déférence pour son beau-père. Plusieurs de ses écrits en témoignent, tant ceux qu'il a publiés avant sa conversion, dont l'un est dédié à M. Emmanuel Deutz, que ceux qu'il a publiés après son baptême, et même après sa longue et terrible persécution (25). C'est au contraire ce rustre de rabbin qui l'a sans cesse abreuvé d'amertume dès les premiers momens du lien fatal qui eut pour effet d'empoisonner toute la vie de mon estimable ami.

Il est assez singulier que Deutz adresse aux autres des reproches dont on peut si justement l'accabler lui-même. Nous en verrons une foule d'exemples dans le présent écrit. Que Simon dise si jamais quelque scrupule l'a retenu d'*affliger la vieillesse de son père* par ses mille et une frédaines ! M. Drach n'a pu déplaire à son beau-père que par son baptême ; en cela il ne dépendait pas de lui d'agir autrement ; car le sauveur nous commande expressément de renoncer à nos plus chers parens, s'ils sont un obstacle à notre salut. Encore, sous ce rapport Deutz est-il *coupable* au même degré. Car lui aussi, en recevant le baptême, a dû affliger *son vieux père*, et sa *sœur de prédilection*, d'autant plus qu'ils avaient déjà à déplorer la perte de M. Drach et celle de ses enfans devenus chrétiens.

4° M. Drach faire le malheur de sa femme !...... Mais Deutz se réfute lui-même trois lignes plus bas : « Les premières années de ce mariage, dit-« il, furent HEUREUSES, et les liens qui unissaient « les époux furent encore *resserrés* par la naiss« sance de plusieurs enfans. » Seulement il aurait pu ajouter, car il ne l'ignore pas, que cette bonne harmonie dans le ménage était due uniquement à la douceur de caractère de M. Drach, et à son esprit conciliant, ainsi qu'à son affection pour sa femme. Car le père Deutz, chose incroyable, soufflait la discorde entre les jeunes époux. Pendu toute la journée aux oreilles de sa fille, il proférait contre son gendre la ridicule accusation de chercher à le supplanter dans sa place de grand-rabbin ! Sara, fort attachée à son père, sortait quelquefois de ces conversations la tête échauffée, et faisait des scènes à son mari. Celui-ci restait calme pendant l'orage, et le beau temps ne tardait pas à reparaître. Toutefois ces excitations continuelles finirent par déposer dans le cœur de Sara un fond de désaffection contre son époux. Voilà pourquoi son père put si aisément lui persuader de l'abandonner. Simon veut-il parler de ce qui s'est passé après la conversion de M. Drach ? Mais c'est sa sœur qui a plongé dans le malheur son mari et ses enfans, en foulant aux pieds, avec une dureté inouie, ses devoirs de mère et d'épouse, comme on le verra bientôt.

Passons au reste, Deutz se réfute lui-même. Il écrivit de Rome à M. Drach, en date du 1ᵉʳ novembre mil huit cent VINGT-SEPT (V. p. dép. nº 4):
« Il me faudrait vous envoyer un livre si je devais
« vous écrire tout le bien que partout on m'a dit
« de vous, mon frère. Depuis (25) Lyon jusqu'à
« Rome, toutes les personnes que j'ai eu l'honneur
« de voir sont enthousiastes de *vos* deux lettres
« que vous avez publiées. Son Emin. de la Soma-
« glia m'en a entretenu pendant fort long-temps
« et a appris avec beaucoup de joie que vous *de-*
« *viez peut-être* arriver ici sous peu..... Je vous
« REMERCIE BEAUCOUP d'avoir *dans un temps* BIEN
« VOULU ÉPOUSER MA SOEUR, car je puis vous assurer
« que cela a partout été une très bonne recom-

« mandation pour moi, et quoiqu'en puissent dire
» Rabbi, Hertz, Carlsrue et compagnie (26), j'aime
« mieux *être* sous tous les rapports, avoir une
« petite recommandation de vous, mon frère,
« que d'en avoir une très grande *par* tous les *chefs*
« *de la dispersion* (27) de l'Allemagne, y compris
« les maîtres dans la science de l'évocation des
« esprits (28), etc... Je vous embrasse de tout mon
« cœur et serai *pour la vie* votre reconnaissant et
« dévoué frère et ami, SIMON-DEUTZ fils. »

Et en date du 8 du même mois (Voir p. dép. 5),
il écrivit au même : « Partout, *grâce à* NOTRE
« PARENTÉ, j'ai été reçu avec beaucoup d'é-
« gards. »

Vous voyez bien que plusieurs années après
que M. Drach eut repris ses enfans, et lorsque sa
séparation de fait d'avec Sara Deutz durait déjà
depuis QUATRE ans, Simon non seulement se féli-
citait d'être apparenté à M. Drach, mais encore
il le remerciait d'avoir *bien voulu dans un temps
épouser sa sœur.*

5° Simon s'est bien voué lui-même à l'infamie,
par la lâche trahison à laquelle l'a poussé son in-
satiable cupidité. Qu'aurait-il laissé à faire de ce
côté à M. Drach, lors même que celui-ci aurait
voulu le *vouer à l'infamie ?* Quant *aux poignards du carlisme*, Deutz ne persuadera à personne qu'il y croie lui-même. Le poignard est au su
et connu de tout le monde l'arme des révolution-

naires, et non des royalistes. Deutz connaît d'ailleurs trop le caractère de M. Drach pour douter que si dans ce moment il voyait un poignard levé sur lui, il ne se jetât devant l'arme meurtrière, et ce ne serait pas la première fois que ce bon chrétien aurait rendu à son ingrat obligé le bien pour le mal. Je n'en veux d'autre témoignage que celui de Simon qui écrivit à son beau-frère, le 8 novembre 1827 (Voy. p. dép. n° 5) : « Et c'est
« vous, mon frère, qui AVEZ DÉJA TANT FAIT POUR
« MOI, qui devez être ma providence après Dieu,
« maintenant ; car j'ai dit la vérité à toutes les
« respectables personnes que j'ai l'honneur de
« voir; j'ai dit que c'était vous, mon frère, que
« j'avais persécuté depuis votre conversion, qui
« aviez fourni de vos propres fonds les frais de
« mon voyage à Rome. »

6° Comment Deutz peut-il dire que M. Drach a donné son signalement? Il est notoire que le signalement de Simon était dans tous les journaux qui ont paru à Paris le 9 novembre 1832, c'est-à-dire deux jours après que le traître eut livré la princesse. Or, M. Drach se trouvant à Rome ne put apprendre que le 23 ou le 24 du même mois cette funeste nouvelle. Il en ressentit une douleur si vive qu'il garda le lit plusieurs jours. Ce n'est que le vingt-neuf qu'il fut en état d'écrire sa lettre, adressée, non pas à la *Quotidienne* en particulier, mais à toutes les feuilles non républicaines de la capitale. Cette lettre parut dans les journaux de Paris seulement vers le milieu de décembre (29). De là elle passa dans les feuilles étrangères.

Ainsi la lettre de M. Drach ne vint qu'*un mois après* que les feuilles de toutes les couleurs eurent épuisé leurs traits contre le nouveau Judas, et *répété son signalement* je ne sais combien de milliers de fois. M. Drach n'aurait donc donné ce signalement que long-temps après que la presse périodique l'eut multiplié par millions, et répandu dans tous les coins des départemens. Mais *il est entièrement faux* qu'il ait donné ce signalement. Il mentionne celui donné par les journaux *sans même le reproduire*. Cela n'empêche pas notre véridique et candide Judas de faire cet injuste reproche à M. Drach, et même de le répéter à la page 70, en y accolant un autre reproche qui n'est pas plus fondé que le premier : « Après l'ar-
« restation de MADAME, dit-il, il (M. Drach) eut
« l'impudeur (30) *de me jeter la première pierre*,
« de m'attaquer dans la *Quotidienne* et dans *la
« Voce della verità*, et de livrer à la publicité mon
« signalement, sans doute pour que les poignards
« de la légitimité m'atteignissent plus sûrement ! »
En voilà d'une autre ! M. Drach a jeté à Simon la *première pierre* en publiant sa lettre plus d'un mois après que tout le monde eut jeté au traître des pierres à pleines mains !

La publication de cette lettre de Deutz, contre l'évidence des faits, présentée comme la première pierre qui lui a été jetée, fut une nécessité et un devoir pour M. Drach. Un frémissement d'horreur s'était manifesté d'un bout de la France à l'autre contre l'infâme qui, pour ramasser dans la fange quelques pièces de cent sous, avait livré traîtreusement la meilleure des princesses. On le qualifiait de *beau-frère de M. Drach*. Celui-ci a dû révéler au public que la famille qui porte le nom de *Deutz*, désormais flétrie, ne lui est plus rien, il y a maintenant douze ans. Elle a divorcé avec lui, l'a renié, *uniquement* et *précisément* a cause de la *différence de leurs principes*. Car entre la morale évangélique et l'immoralité du talmud, il y a toute distance qui sépare le ciel, non seulement de la terre, mais du fond de l'enfer. En effet, quand je repasse dans mon esprit tout ce qui s'est passé depuis douze ans entre M. Drach et la famille Deutz, je ne vois d'un côté, que haine, spoliations, persécution à mort; de l'autre, que charité, bienfaits, oubli des injures. Après l'évènement de Nantes, tandis que M. Drach rejetait la parenté de l'homme qui était devenu l'objet de l'exécration publique, la famille Deutz reçut l'apostat couvert d'opprobre avec les démonstrations de joie qui accueillirent le retour de l'enfant prodigue de l'Evangile; tandis que M. Drach renonçait à toute succession de la famille Deutz, souillée par un argent qui lui fait horreur, cette même famille ne craignit pas de devenir le *Hacel-Dama* (31) où vint aboutir le détestable prix de la trahison du Judas de Nantes.

§ II.

En janvier 1823, M. Drach décidé à embrasser la vraie religion, entra de suite en catéchuménat sous la direction de feu M. l'abbé Fontanel, doyen de la faculté de théologie de l'académie de Paris. Quelques personnes pieuses initiées dans le secret, l'engagèrent à faire part à madame Drach de ses nouvelles dispositions afin de la gagner à la foi. Il répondit que n'ayant pas encore ce courage qui est un effet des sacremens, surtout de celui de confirmation, il se défiait de son cœur. Il craignait d'être vaincu par la l'affection qu'il avait pour sa femme, si celle-ci, se jetant à ses pieds le suppliait de renoncer à son dessein. Si donc il cachait à Sara sa prochaine abjuration, c'était en quelque sorte une marque de son attachement. Toutefois il prit les précautions convenables pour qu'elle fût préparée avec ménagement à cet évènement, et qu'elle en reçût l'annonce sans éprouver une secousse trop violente. Le samedi-saint de la même année, il fut baptisé avec deux de ses enfans à Notre-Dame, par monseigneur l'archevêque de Paris. Le troisième enfant, je ne sais plus lequel, avait été baptisé le mercredi précédent dans une des paroisses de la capitale.

Simon, avec sa véracité ordinaire, dit (page 63 du Libelle) : « Drack mu par des vues d'ambi-
« tion, et cédant à l'esprit de l'époque qui se tour-
« nait vers le cagotisme, abjura la religion juive,
« et se fit catholique. Cette *abjuration intéressée*
« fut récompensée par la place de bibliothécaire
« du duc de Bordeaux. »

On ne peut pas mentir plus maladroitement.

Dans le printemps de 1823, S. A. R. le duc de Bordeaux, âgé de 30 mois, n'avait encore ni gouverneur, ni précepteur, ni bibliothèque. Qu'aurait-il fait d'un bibliothécaire ? Ce n'est qu'en 1827, plusieurs mois après la formation de la maison d'éducation du jeune prince, que M. Drach fut nommé bibliothécaire par le duc de Rivière, et agréé par le roi. (32) Avant cette époque M. Drach était absolument inconnu à la famille royale et à *toute* la cour, si nous en exceptons M. de Rivière auquel il avait été recommandé en 1825, par le vertueux prince de Polignac, alors ambassadeur à Londres.

L'ambition du catéchumène allait jusqu'à sacrifier son existence du moment, et le brillant avenir que lui offrait la synagogue. Il avait été *formellement* averti par l'autorité ecclésiastique qu'il n'avait à attendre de son baptême aucun avantage temporel. Et lorsque M. Drach, devenu chrétien, catéchisait à son tour des israélites, il lui était prescrit d'examiner soigneusement si ces individus n'étaient pas amenés par des vues temporelles. Il devait les prévenir expressément qu'on ne leur donnerait pas un *verre d'eau* pour les attirer à la religion catholique. Que Deutz dise si on lui a tenu un langage différent ! « Prenez votre croix et suivez votre maître. » voilà ce que dit le grand Pontife de Paris aux israélites qui veulent se ranger sous la bannière du Christ. Et en effet, l'abjuration de M. Drach ne l'a guère enrichi, car il est à ma connaissance, comme à celle de beaucoup d'autres personnes, que lorsqu'il allait partir de Paris pour se mettre à la recherche de ses enfans, il se vit dans la nécessité de vendre, pour faire face aux frais du voyage, son argenterie, son mobilier, et une grande partie de sa bibliothèque; dans les villes où il s'arrêtait, il donnait des leçons de langues pour gagner sa vie.

Au reste, je vois dans quelques lettres de Deutz, qu'en 1827 et 1828, il croyait à la sincère piété de son beau-frère.-Mais alors, lui-même, encore véritablement converti, se trouvait dans ces *bons momens* de la vie, hélas ! trop courts, qui séparaient Simon, *infidèle juif*, d'Hyacinthe, chrétien infidèle. Citons :

1° Lettre du 8 novembre 1827, (voir pièces dép. n° 5.)

« ... J'ai dit que c'était vous, mon frère,
« qui... ce qui a édifié toutes ces vénérables per-
« sonnes, mais *ne les a nullement* ÉTONNÉ *de la*
« *part du* VÉRITABLE CHRÉTIEN, *auteur des deux*
« *lettres* VRAIMENT CHRÉTIENNES (33), chefs-d'œu-
« vres d'érudition et de science qu'un COEUR CON-
« VAINCU PEUT SEUL AVOIR DICTÉES. »

2° Lettre du 17 janvier 1828, (voir p. dép. n°6.)

« PRIEZ POUR MOI, mon très-cher frère, et re-
« commandez-moi aux prières de tous vos bons
« amis catholiques.. »

3° Et sept lignes plus bas :

« Je vous recommande encore une fois de ne
« pas m'oublier dans vos prières. »

4° Lettre du 5 février 1828. (Voy. p. dép. n° 7.)

« Je me RECOMMANDE BIEN VIVEMENT *à vos priè-*
« *res*, et me dis bien sincèrement *pour toujours*
« votre frère en Jésus-Christ, Hyacinthe Deutz. »

On voit bien que lorsque ces diverses lettres furent tracées *Satan n'était pas encore entré dans Judas surnommé Iscoblentz.* (34)

Remarquez enfin un autre trait d'impudeur. Deutz qui déclare bien que faussement, que sa conversion au catholicisme ne fut qu'une dérision, (voyez son Libelle p. 7), Deutz qui à peine pendant quelques mois a pu soutenir l'épreuve d'une vie chrétienne, nie de son autorité privée la sincérité de la conversion de M. Drach dont la conduite depuis *douze ans*, est un sujet d'édification pour les fidèles! C'est bien encore ici le filou qui crie : *au voleur*!

§ III.

M. Drach, comme chef de la communauté, devait régler l'éducation de ses enfans : la loi lui en déférait l'autorité exclusive. Comme catholique, il lui incombait de leur procurer le baptême et une éducation chrétienne. Il les fit donc baptiser avec lui, ainsi que je l'ai raconté dans le § précédent. Après la cérémonie, pendant qu'il était encore chez les parrains, il reçut l'avis que *madame Drach demandait avec les plus vives instances, son mari et ses enfans*, (voir le billet, pièces dép. n° 56). Il se hâta de rentrer. Mais il paraît que Sara ne l'avait demandé que pour le rendre témoin d'une scène dont elle voulait lui donner la représentation. Car à peine était-il rentré que voilà arriver le rabbin Deutz, qui s'était tenu jusqu'à ce moment-là dans une maison juive du voisinage : c'était comme la coulisse où il avait attendu pour entrer en scène à point nommé. Le père se jette sur la fille, la fille sur le père. Tous deux pleurent bruyamment, et se promettent mutuellement d'un ton théâtral *de ne pas s'abandonner l'un l'autre.* Telle fut la déclaration de la guerre acharnée que ces deux personnes allaient commencer contre mon ami.

L'autorité ecclésiastique avait recommandé à M. Drach de continuer à se comporter en tendre époux envers sa femme restée juive, et de redoubler d'égards pour elle : en un mot, de lui prouver par sa conduite qu'un disciple de l'évangile est meilleur époux qu'un juif. Le néophyte se conforma à ce conseil avec d'autant plus de plaisir, qu'en cela il suivait l'impulsion de son cœur. Il poussait la délicatesse si loin, que devant faire faire la prière à sa fille aînée qui avait cinq ans, il s'enfermait avec l'enfant pour ne pas chagriner la mère par cet acte de religion. Mais déjà avant son baptême, il avait manifesté la crainte que son beau-père n'obligeât sa femme à quitter mari et enfans ; car il ne pouvait pas même supposer l'enlèvement de ces derniers. On ne juge pas facilement capables d'un crime, les personnes que l'on aime. Cette crainte se réalisa au-delà de son appréhension.

Dès la première nuit l'épouse égarée, déserta l'habitation conjugale. Il est hors de doute que ce fut par ordre de son père, dont la volonté a toujours été sa seule règle de conduite. Peu de jours après, madame Drach demande à aller demeurer quelque temps chez son père sous prétexte qu'étant malade, elle pouvait mieux y rétablir sa santé. M. Drach en accorde la permission. « J'espère, « ajoute-t-elle alors, que tu ne me refuse-« ras pas la satisfaction de mener les enfans avec « moi. *Dans ce cas, je ne regretterai pas le mois* « *prochain que tu mettes les filles en pension.* »

Le bon M. Drach qui ne se doutait pas du sens perfide de ces dernières paroles, consent à se séparer pour plusieurs semaines de ses enfans, bien que cette séparation dût lui être sensible, d'autant plus qu'il ne pouvait les aller voir chez le père Deutz. Ainsi son extrême condescendance pour Sara, lui fait commettre la faute irréparable à moins d'un miracle, de confier à l'astucieux rabbin les trois nouveaux chrétiens en bas âge. C'était mettre de tendres agneaux à la gueule d'un loup ravissant.

Sara Deutz n'avait demandé à se retirer chez son père, qu'afin d'être plus libre pour se disposer à fuir. A peine installée chez ce dernier, elle va s'établir, *à l'insu de son mari*, dans une autre maison. C'est de là qu'elle disparut avec les enfans. Mais la bonne israélite n'oublia pas, avant de partir, de dévaliser son mari. M. Drach avait donné à sa femme une double clef de leur logement commun. Elle s'en servit pour faire prendre dans ce logis par sa servante, tous les effets portatifs, sans excepter une grande partie du linge de corps de M. Drach. On épiait pour ces honnêtes expéditions, les momens où mon ami sortait.

Simon Deutz est un homme impayable, quand il s'agit d'une *trahison*. C'est lui qui avait été la cheville ouvrière de cette œuvre de perfidie qui eut pour objet d'enlever à un citoyen, sa jeune épouse, et lui ravir ses petits enfans, afin de le réduire au désespoir. D'après les rapports de la police, le jour de la disparition de la famille de M. Drach, Simon avait été vu presqu'au même temps dans plusieurs quartiers de Paris : il s'était multiplié.

Les ravisseurs avaient si bien pris leurs mesures, et Simon exécuta avec tant d'adresse la part qui lui en avait été confiée, que les recherches les plus actives de l'autorité n'ont jamais pu aboutir à trouver seulement la direction qu'avait prise la fugitive. On sut dérober jusqu'à la moindre trace du passage de *quatre individus*, depuis Paris jusqu'à Londres, par Calais et Douvres. Car c'est à Londres *directement* que la dame fut expédiée.

Ici se place un fait que je livre à l'appréciation du lecteur. Mon ami s'aperçut de l'enlèvement le samedi soir, 19 avril. Il revint chez lui de la préfecture de police à minuit passé. Epuisé par les courses nombreuses de toute la soirée, abattu par le chagrin cuisant qui, comme il disait, *faisait fondre ses os*, il se jeta sur le lit, et commença à sommeiller. Tout à coup il fut éveillé par le bruit d'une clef qu'on cherchait à introduire dans la serrure de la porte, ou que déjà l'on y tournait doucement. Se rappelant alors que ses ennemis avaient entre les mains une double clef de son logement, et que le talmud recommande comme une œuvre méritoire d'ôter la vie à ceux qui abandonnent la synagogue, il éveilla les voisins aux cris, *au secours! à l'assassin!* Il alla passer le reste de la nuit dans l'appartement d'une famille chrétienne qui demeurait de plein-pied avec lui, et l'on ne songea nullement à chercher s'il y avait quelqu'un de caché dans la maison.

Je reprends mon récit.

Qu'on se figure la position du malheureux père de famille qui ne pouvait vivre sans ses enfans : il les aimait trop pour en supporter la perte. Ses prières et ses pleurs pour obtenir de la famille Deutz un seul mot rassurant sur leur sort, échouent contre la dureté judaïque (35). Il n'y eut sorte de cruautés qu'on n'exerçât contre lui pour violenter sa conscience. Simon, ses frères et d'autres juifs viennent insulter à son affliction jusque dans sa propre demeure (1). Ce qui acheva de le désoler ce fut de recevoir de son épouse rebelle une lettre pleine d'injures, et renfermant un poignard dessiné (37).

On commença l'instruction d'un procès pour rapt d'enfans mineurs, dans le but, non d'atteindre les coupables, mais de retrouver les enfans. Plusieurs mandats de comparution furent décernés contre des Juifs que l'on savait connaître parfaitement la retraite de madame Drach. On fit venir même les Deutz pour les interroger à titre de renseignemens. Le grand-rabbin Deutz remit au juge instructeur une lettre de Sara, qui était *datée et timbrée de Berlin* pour dérouter la justice. Les lettres que cette femme écrivait à son père *pour de bon*, ne se confiaient pas à la poste : elle les envoyait par une voie moins suspecte. Dans les circonstances délicates, les Juifs ont à leur disposition les courriers d'une grande maison qui sillonnent l'Europe en tous sens. Un expert appelé sur-le-champ, déclara que la missive était sur *papier anglais*, écrite avec de l'*encre anglaise*. En effet, madame Drach était à Londres, et sauf la précaution de prendre le faux nom de *Elisabeth Goldsmith*, elle se montrait publiquement parmi les Juifs de cette ville, incessamment en relation avec ceux de Paris. Ces derniers, au reste, savaient très bien où s'était réfugiée la fille du grand-rabbin, sans avoir besoin de l'apprendre de leurs co-religionnaires de l'autre côté de la Manche. Et la police, pendant près de deux ans, ne sut pas découvrir ce qui était à la connaissance de tous les enfans juifs, non-seulement en France et en Angleterre, mais dans tous les pays où est dispersée la race de Jacob!

Monsieur Drach était miné par une maladie de langueur qui déjà deux fois l'avait réduit à l'extrémité. Après quatre mois de souffrances inouies, voyant qu'il ne pouvait rien attendre de l'administration mal servie en cette circonstance par ses agens subalternes, il se décida à voyager pour faire lui-même la recherche de ses enfans. L'ensemble des rapports officiels faisait présumer que l'épouse fugitive s'était dirigée vers la frontière d'Allemagne, par Metz. Ce fut donc dans ce pays-là que M. Drach devait espérer de trouver sa famille. On décida qu'il établirait le centre de ses indagations à Mayence. Ce point était singulièrement propre pour cet objet, parce que la communauté juive de cette ville, nombreuse et riche, est en relation de commerce avec des co-religionnaires de toutes les parties de l'Allemagne et de l'est de la France. En outre, beaucoup de passagers israélites y font ordinairement une halte de plusieurs jours. Il se mit en route, précédé de la demande adressée par la police française aux autorités prussiennes de Coblentz, d'ordonner des visites domiciliaires chez ceux des Juifs qui pouvaient être soupçonnés de cacher Sara Deutz; ce qui fut exécuté, mais sans résultat, comme on pense bien.

Ici je ferai quelques emprunts à la lettre que j'écrivis en 1826 sur le même sujet (38).

Il part; mais à quels dangers personnels ne vat-il pas s'exposer dans ces contrées étrangères où les Juifs qui le persécutent à mort sont plus puissans et en plus grand nombre qu'en France! Et comment espérer de retirer ses enfans, quand même il les découvrirait, d'entre les mains de ceux qui avaient si bien combiné leur plan criminel, si bien pris leurs mesures pour en assurer l'exécution? Il mit sa confiance en celui qui n'a pu accorder inutilement à ses jeunes enfans la grâce du baptême, et comme le saint patriarche de sa nation, il espéra contre toute espérance: *Et contra spem in spem credidit* (Rom. IV. 18.) Il s'arrêta à Mayence. Là, jeté encore deux fois sur le lit de la souffrance par les peines qui lui rongent le cœur, il parcourt une grande partie des anneaux douloureux dont se compose la longue chaîne de ses épreuves.

Après dix grands mois de séjour dans cette ville, mon pauvre ami n'était pas plus avancé qu'au premier instant de son arrivée. Il se servait d'un Juif, agent secret de la police de Mayence; cet homme se faisait bien payer, et ne fut pas d'une plus grande utilité qu'un autre Juif qui avait été attaché exprès, et pour le même objet, à la police de sûreté de Paris. Que peuvent les plus sages mesures des autorités contre la vaste et permanente conjuration d'un peuple qui, répandu sur tout le globe, se serre comme un bataillon carré, dès qu'il croit sa religion intéressée dans une affaire?

Mais
> Celui qui met un frein à la fureur des flots
> Sait aussi des méchans arrêter les complots.

Quand le seigneur veut montrer que le secours vient directement de lui, il l'envoie toujours d'une manière qui trompe tous les calculs des hommes. On en va voir ici un nouvel exemple.

Un jeune homme, fils naturel, ou soi disant tel, de Léonlan, riche négociant juif de la rue Saint-Méry, étant venu à Londres, alla rendre visite à Sara, comme faisaient tous les juifs de Paris qui arrivaient dans la capitale de la Grande-Bretagne. Il retourna chez elle le lendemain; mais soupçonné d'être un émissaire de la police française, on lui refusa la porte. Il y revint cependant à plusieurs reprises, et fut éconduit autant de fois. Piqué au vif de cette méfiance, il résolut de s'en venger. Quelque temps après, dans un voyage qu'il fit à Francfort-sur-Mein, il prit sa route par Mayence, et ne manqua pas d'aller trouver M. Drach pour l'instruire qu'il avait vu sa femme et ses enfans à Londres, et lui indiqua la maison où ils demeuraient. Ce fut pour la première fois, après sa cruelle séparation d'avec ses chers enfans, depuis presque un an que mon ami eut la consolation d'apprendre que tous les trois existaient encore. Ah! que dans ce moment, il répéta avec attendrissement cette exclamation du viellard de Chanaan : «C'est assez! Joseph, mon fils, vit encore! »

Le seul moyen de récupérer ses enfans, et d'arriver peut-être à une réconciliation avec sa femme, ce fut de se rendre promptement à Londres, sans laisser le temps à ses persécuteurs de le traverser. Il en écrivit sur-le-champ à un vénérable ecclésiastique de Paris, avec lequel il avait une correspondance de lettres. L'homme de Dieu lui répondit : « *Vade prosperè* : Partez, Dieu bénira votre voyage. » M. Drach fut bientôt prêt à se mettre en route, et le jour de l'Assomption 1824, il s'embarqua sur le Rhin. Il arriva le 24 suivant à Londres, après un voyage des plus heureux. La *veille* de son départ, il lui parvint une lettre du prince de Hohenlohe, qui lui annonçait le secours de ses prières : il était permis de tirer de cette circonstance un bon augure.

Mais avant de voir la fin de ses maux, il lui fallut encore épuiser une nouvelle série d'anxiétés et de tribulations : c'est ce qu'il appelle le *bouquet de cette vilaine fête.* Sa femme lui refusa de partager son logis, en termes plus clairs, *le chassa de chez elle*, et ne voulut aucunement avoir de relations avec lui. Tout ce qu'il put obtenir, ce fut de venir voir les enfans *de jour* et *quand elle était à la maison.* Sara voulut cependant garder ses hardes ; et pour cause. Ces effets devaient servir de cautionnement en cas qu'il eût quelque *mauvais projet.* Folle précaution, car ses malles, eussent-elles eu des millions de fois leur valeur, M. Drach n'aurait pas hésité un moment à les sacrifier pour le salut de ses enfans. Mais comment les obtiendra-t-il, ces petits innocens ? S'adressera-t-il à l'autorité, car la législation anglaise reconnait comme la nôtre les droits du père sur ses enfans ? A sa première démarche, les Juifs, maîtres de sa famille, usant des grands moyens dont ils disposent, la feront disparaître *pour toujours.* S'en emparera-t-il par surprise ? Cela paraissait impossible, avec des gens tels que les Juifs. N'importe ; le ciel lui inspire ce dernier parti, projet physiquement inexécutable.

Après avoir étudié le terrain pendant un mois, il arrêta son plan de campagne ; mais il lui manquait le point principal, le véhicule de son opération, je veux dire une voiture bourgeoise, car un fiacre public aurait pu mettre tout de suite sur ses traces. Il écrivit à un ecclésiastique distingué de Paris, homme prudent et d'action (39). Ce ne fut qu'après plusieurs semaines que ce digne prêtre put lui procurer une recommandation pour un membre du sacerdoce catholique anglais. Celui-ci, à son tour, le recommanda à une dame très pieuse, la comtesse M. qui sanctifie sa brillante position sociale et sa grande fortune par l'exercice continuel des œuvres de charité.

M. Drach avait observé que le dimanche, Sara envoyait les enfans jouer pendant toute la matinée au *tower-hill* qui est pour le quartier qu'elle habitait, ce que la place Royale, à Paris, est pour les enfans du Marais. Il prend donc ses dispositions. Le jour est fixé : le dimanche (40), 7 novembre 1824, l'hostie divine est offerte pour les trois jeunes chrétiens. De nombreux fidèles unissent leurs prières aux prières puissantes du saint Thaumaturge de l'Allemagne, et le père infortuné voit avec surprise le miracle accompli. Dès le matin une chaise de poste tout attelée n'attendait qu'un coup de fouet pour voler vers Douvres. La comtesse M. vient de bonne heure dans son équipage se poster au *Tower-Hill*. Elle attend bien long-temps avec une patience que soutient sa brûlante charité pour le salut du prochain. La brume et la bruine de cette matinée-là auraient découragé toute autre personne, d'autant plus qu'il n'y avait pas d'apparence que les enfans fissent leur promenade accoutumée. La noble dame, pleine de cette confiance qui ressemble à une inspiration d'en haut, tint bon à son poste. Entre onze heures et midi, le brouillard se dissipe comme par enchantement, le ciel se rassérène, le soleil se montre et invite à sortir les trois innocens qui arrivent accompagnés de leur bonne. M. Drach leur propose une *promenade en voiture* qui est acceptée avec un joyeux empressement (41). On s'achemine plutôt en bondissant qu'en marchant vers la belle voiture qui était stationnée là près. Tout le monde pêle-mêle y grimpe, y saute, sans excepter la bonne. En un instant la place est prise d'assaut. On va d'abord déposer la bonne à un des quartiers les plus éloignés du *Tower-Hill*. De là, M. Drach se réfugie à l'hôtel de l'ambassade française, pour se mettre avec ses enfans sous la protection de son gouvernement, et prendre un passeport. C'est dans cette circonstance qu'il vit, pour la *première fois à Londres* (42), le prince de Polignac qui l'accueillit avec des larmes de tendresse. M. Drach quitta Londres avec les précieux objets de tant de peines et de souffrances, en entonnant l'hymne : *In exitu Israël de OEgypto* (43). Le lendemain matin, il toucha l'heureuse terre de France.

C'est ainsi que le seigneur daigna mettre un terme à la longue et cruelle tribulation du pieux néophyte : il ne restait plus aux pharisiens, ses persécuteurs, que la honte et le souvenir de leur crime. Pleins de rage, ils se jetèrent, pour dernière vengeance, sur les effets de leur victime, restés entre leurs mains.

Bon nombre de personnes respectables peuvent attester que ce récit est conforme à la plus exacte vérité.

Ce long évènement renferme plusieurs faits miraculeux par lesquels le Seigneur voulait reconforter notre nouveau chrétien, persécuté d'une manière si atroce. Mais les raconter ici serait sortir de mon sujet.

Quelques jours après que M. Drach fut de retour à Paris, Simon averti qu'il devait se rendre chez un avocat, alla dans la même maison pour l'accabler d'outrages et lui faire des menaces de mort. « Je ne craindrai pas, dit-il entr'autres galanteries, de monter pour vous à l'échafaud. » Un autre jour il l'accosta à l'entrée de la rue Saint-Martin, l'accompagna jusqu'au boulevard en lui prodiguant les injures et les malédictions, le provoquant à se battre avec lui, et enfin renouvelant ses menaces d'assassinat. Mon ami se comportait dans ces rencontres, comme il convenait à un chrétien pénétré de l'esprit de l'Evangile ; seulement il crut devoir à ses enfans, dont il était l'unique soutien, de prévenir la police, des menaces qui lui avaient été faites. Simon fut mandé et admonété.

§ IV.

Deutz connaissait si bien la magnimité et la générosité de son beau-frère, qu'après l'avoir traité si indignement, il ne craignit pas de s'adresser à lui quand en 1827 son inconduite le réduisit aux abois. Il lui écrivit la lettre suivante (voir pièces déposées n° 1.)

« Paris ce 20 août 1827. Monsieur, je m'a-

« dresse à vous pour vous prier de me tirer d'une
» affaire dans laquelle je me suis *embourbé*. Il me
« faut absolument deux cents francs ce matin, *si-*
« *non* il pourra m'arriver les choses les plus *désa-*
« *gréables et les plus fâcheuses* : je vous prie de
« me les avancer pour sûreté desquels je vous *fe-*
« *rez* parvenir si vous le désirez, deux actions
« que j'ai dans une entreprise qui sont de cent
« francs chaque. »

« Si vous rappelant encore notre ancienne
« amitié, vous me rendiez cet important service
« je ne vous *l'oublirais* en ma vie. Je vous salue.
« Simon Deutz fils. Vous pouvez remettre ce que
« je vous demande au porteur de la présente.
« Monsieur Drach, homme de lettre, à la Sor-
« bonne, en ville. »

M. Drach accueillit à bras ouverts son ancien
persécuteur (44), et le *désembourba*. Voilà une
conduite vraiment évangélique.

Déjà quelque temps auparavant, Deutz pressé
par le besoin, avait prié M. Drach, comme si rien
de désagréable ne se fût passé entre eux, de lui
procurer de l'ouvrage dans une imprimerie. M.
Drach profita avec joie de l'occasion de l'obliger,
et le fit admettre dans l'atelier de M. Cosson qui
pour lors imprimait sa bible. Simon se lassa de
travailler au bout de peu de semaines, et se remit
à flâner. Ce fut le second, et probablement *der-*
nier atelier où Simon a *essayé* de travailler : mais

avec un caractère tel que le sien, il n'est guère possible de s'assujétir à rester toute la journée devant une casse.

Il s'était passé à peine une quinzaine de jours depuis la date de la lettre que je viens de transcrire, lorsque Deutz déclara à M. Drach qu'il était converti à la religion catholique, et qu'il voulait aller se faire baptiser à Rome. Cet homme vil qui ne se lasse jamais de demander, représenta en même temps à M. Drach qu'il se trouvait dans un état de dénuement complet. Celui-ci pour remonter sa toilette, se dépouilla d'une bonne partie de sa propre garde-robe, jusqu'à se priver de ce qu'il avait de meilleur, et lui donna quatre cents francs pour le voyage ; savoir, deux cents francs qu'il l'envoya toucher pour son compte dans une maison de commerce, et deux cents francs qu'il lui fit compter à Lyon sur le produit d'un de ses ouvrages dont il avait un dépôt dans cette ville. Voyez dans les pièces déposées le n° 3, lettre de M. le comte d'H. de Lyon, en date du 2 octobre 1827, qui écrivit à M. Drach, en parlant de Deutz :
« Il a reçu des mains de ma cousine la petite
« somme que vous m'avez chargé de lui avancer
« pour son voyage. »

Voici une lettre de Deutz, en date du 21 septembre 1827 (voir p. dép. n° 2).

« Mon frère, c'est encore moi qui vous importune ; hier je vous ai dit que je n'avais rien du

« tout en fait de linge ; vous m'avez répondu que
« vous y songeriez ; je rappelle donc à votre sou-
« venir de me pourvoir si cela vous est possible de
« quelques chemises bas ou chossettes, mouchoirs
« etc. un ou deux rasoirs si vous en avez d'oisifs.
« Je vous prierai aussi de me donner un exem-
« plaire de chacune de vos deux lettres pour les
« emporter à Rome. Je vous embrasse de tout
« mon cœur et j'espère avec l'aide de Dieu être
« bientôt votre frère en tout (45). Simon Deutz
« fils. »

Simon poussa l'effronterie jusqu'à prier M. Drach qui venait de faire tant de sacrifices pour lui, de quoi. . . . . . Devinez ! *De payer le coût de son passe port !* Cet article fut accordé avec la même bonté que les autres. Sur le point de partir, il laissa à la Sorbonne où demeurait M. Drach une traite conçue dans les termes suivans (voir pièces dép. n° 2 bis) : « M. Drach fera parvenir à M. Genaudet (46) le coût du passe-port de Simon Deutz, cela a été convenu ainsi entre M. Drach et le soussigné. Simon Deutz fils. A la Sorbonne, ce 23 septembre 1827. »

Arrivé à Rome, il continua à être la sang-sue de mon pauvre ami. Il lui écrivit donc en date du 8 novembre 1827 (voir p. dép. n° 5) :

« Partout, grâces à notre parenté, j'ai été reçu
« avec beaucoup d'égards, et enfin à Rome tout ce
« qu'il y a de personnages distingués en vertus et

« en dignités *s'empresse* de m'offrir *ses* services,
« que j'ai acceptés, en ce qui concerne le spirituel.
« Ainsi, grâces à Dieu, tout va le mieux du monde
« quant au spirituel, ce qui est le point principal ;
« mais il faut aussi songer un peu au temporel ;
« et surtout au temporel présent et pressant, et
« c'est vous, mon cher frère, qui avez déjà tant
« fait pour moi qui devez encore être ma provi-
« dence, après Dieu maintenant... »

Il ajouta un peu plus bas : « le meilleur serait
« de me donner les moyens de passer six mois ici
« à étudier le latin et l'italien, comme je fais main-
« tenant et ensuite je trouverai facilement à me
« placer. »

Et deux lignes plus loin : « J'ai réfléchi que
« vous feriez bien de m'envoyer une petite garde-
« robe (47) de Paris, surtout en linge, car ici tout
« est extrêmement cher, et n'est pas bon. Espérant
« que vous accueillerez ma très-longue épître
« avec votre bonté ordinaire, je me dis votre
« frère Simon Deutz fils. »

Trois mois après, le 8 février 1828 dans la lettre même où il annonçait qu'il était enfin baptisé (voy. p. dép. n° 5), non seulement il demanda des fonds à M. Drach, mais encore il le pria de payer les dettes qu'il avait laissées à Paris : « Je vous serais bien obligé si vous pouviez me faire parvenir quelques fonds. »

Et plus bas, en hébréo-germain : « J'ai quel-

« ques dettes à Paris que j'ai contractées lors de
« mon entreprise de bois (48)... Je vous prie de
« vous arranger avec eux (49), particulièrement
« avec un certain taillandier qui a sur moi des ef-
« fets pour environ 400 francs, *afin que cela ne
« donne pas lieu aux libéraux et aux juifs* d'é-
« crire contre moi. Parlez-en avec notre por-
« tière Elisabeth (50). Celle-ci peu vous donner
« son adresse.

Enfin, lors de son dernier voyage à Rome, où il trouva M. Drach, en 1832, il ne manqua pas de le mettre à contribution, tant en argent qu'en objets d'habillement.

Et à tant de magnanimité, tant de générosité de la part de M. Drach qui n'est pas riche, il s'en faut, l'horrible Judas répond par de noires calomnies ! Cela n'étonnera personne : l'énormité du forfait de ce misérable qui a si indignement trahi notre *bonne duchesse*, sa bienfaitrice et celle de sa famille, a décelé au public toute la perversité de son âme.

Cependant, qu'on n'aille pas se figurer M. Drach furieux contre cet ingrat. Toujours le même, il lui a déjà pardonné dans son cœur. Il plaint la chute funeste d'un frère, et prie tous les jours pour sa conversion. Et celui que Deutz, en mentant à sa propre conscience, représente comme son ennemi personnel, ne regarderait à aucun sacrifice s'il pouvait tirer ce malheureux de l'abîme et le remettre dans la bonne voie.

§ V.

Renvoyant maintenant au prochain chapitre la régénération baptismale, et la triste chute de notre traître, sa *conversion* et sa *perversion*, je prie le lecteur d'examiner avec moi ses calomnies qui ont trait au rapt et au recouvrement des petits enfans de mon estimable ami, M. Drach.

1° « En changeant de religion, dit-il, Drach
« changea aussi de conduite envers sa femme, et
« *poussa l'ardeur du prosélytisme jusqu'à faire*
« *élever ses enfans dans le culte catholique.*
« Long-temps Sara souffrit avec résignation; long-
« temps elle supporta sans se plaindre la froideur,
« le délaissement, et les injurieux dédains de son
« mari ; mais la résignation a ses bornes ; lasse de
« tant de mauvais traitemens, Sara quitta Paris,
« et alla se réfugier à Londres avec ses enfans,
« invoquant contre les persécutions de son mari,
« la protection de la loi anglaise, et mettant la
« mer entre elle et ses poursuites » (Pamphlet p. 64.)

A la page précédente Deutz avait dit : « Les premières années de ce mariage furent heureuses, et les liens qui unissaient les époux furent encore resserrés par la naissance de plusieurs enfans. » Puisque M. Drach avait vécu avec sa femme en bon époux *étant juif*, on pense bien que devenu disciple de l'Evangile qui seul enseigne la vraie morale, il ne pouvait pas s'être changé en mauvais époux. Et en effet, après son baptême, comme je l'ai déjà dit, il redoubla d'égards et de condescendance envers sa femme. Ce qui le prouve avec la dernière évidence, c'est que malgré son extrême tendresse pour ses enfans, il consentit à s'en séparer pour plusieurs semaines, afin de complaire à Sara. On avait bien fait observer à M. Drach, qu'il n'était pas prudent de laisser aller ses enfans baptisés dans la maison du rabbin Deutz, mais il répondit qu'il voulait, autant que cela dépendait de lui, soulager l'état de sa femme, si affligée de sa conversion, et malade selon ce qu'elle lui avait fait accroire : La *froideur*, le *délaissement*, les *poursuites*, et les *injurieux dédains*, que Sara eut à supporter de la part de son mari, sont donc des inventions du traître Simon. Sara n'a pas non plus quitté son mari par scrupule religieux ; car pendant le dernier séjour qu'elle avait fait en Allemagne (51), elle était devenue *philosophe*, c'est-à-dire, indifférente en matière de religion, et dans l'intérieur de son ménage, elle ne faisait point difficulté de transgresser les préceptes les plus essentiels de la loi mosaïque (52). Elle n'a fait ce pas si désastreux pour elle-même qu'à l'instigation de son père et de Simon. Ce dernier avoua depuis à M. Drach qu'ils avaient même *recouru au mensonge* pour aigrir la malheureuse jeune femme contre son mari, et l'en détacher entièrement. C'est ce qui explique la lettre atroce et le poignard, par lesquels elle lui fit ses adieux.

« Et poussa l'ardeur du prosélytisme jusqu'à « faire élever ses enfans dans le culte catholique. » Un homme de bonne foi ne dirait certes pas qu'un père *catholique* qui veut élever ses enfans *catholiques* (53), dans les principes du christianisme, *pousse trop loin l'ardeur du prosélytisme.* Au seigneur Deutz je ferai une autre observation. Ce qui prouve, ô Judas, que vous ne parlez pas selon la vérité, c'est qu'à tout bout de champ, l'on vous trouve en contradiction avec vous-même. Si M. Drach, était comme vous dites, un *trop ardent convertisseur*, il était donc lui-même un *sincère*, voire un *trop ardent* catholique. Comment donc pouvez-vous l'accuser à la fois, et sur la même page, de n'avoir abjuré que dans des vues d'ambition et d'intérêt, et d'avoir été trop zélé dans sa nouvelle religion ?

« Long-temps Sara souffrit avec résignation, « long-temps elle supporta... »

Deutz, ou plutôt son avocat, visait à produire de l'effet en répétant ce *long-temps*. Eh! bien, ce *long-temps, long-temps* se réduirait, si véritablement elle eût souffert, à *quelques jours !* à *moins d'une semaine!* Car, ainsi qu'on l'a vu plus haut, Sara se retira chez son père, PEU DE JOURS après le baptême de son mari; et elle s'enfuit de Paris le VINGTIÈME jour après cette cérémonie (54). Voyez donc le long laps de temps que la pauvrette souffrait, et avec quelle résignation! Ah! lecteur, si vous le saviez! Il n'y a pas d'injure, pas de malédiction qu'elle ne prodiguât à celui qu'elle avait juré devant l'autorité civile, et devant la synagogue, d'aimer et de respecter.

Remarquez aussi en passant cette maxime de Deutz : *mais la résignation a ses bornes.* Cela fait voir que l'Evangile n'a pas jeté de profondes racines dans le cœur de ce néophyte.

« Invoquant contre les persécutions de son
« mari, la protection de la loi anglaise, et met-
« tant la mer entre elle et ses poursuites. » Voilà qui ressemble à une énigme. La *mer* ne pouvait pas arrêter M. Drach plus qu'elle n'avait arrêté son épouse. La *loi anglaise*, tout aussi bien que la française, déclare le mari chef de la communauté, et lui attribue en cette qualité l'*autorité exclusive* de disposer des enfans et de les élever *où* et *comme* bon lui semble. Pourquoi la sœur de Deutz sous la protection de la loi anglaise, prit-elle la précaution à Londres, de se présenter sous le faux nom d'*Elizabetts-Goldsmith?*

2°. « Ne pouvant parvenir à connaître sa retraite
« (de Sara), il (M. Drach) partit pour Mayence,

« et là, ce fervent catholique revint tout à coup,
« après des pénitences publiques, à la religion
« Juive. » (Pamphlet, p. 64.)

« Drach, en pleine synagogue (à Londres)
« avait renouvelé les pénitences publiques de
« Mayence. » (Pamphlet p. 68.)

Il faut être vraiment Simon Deutz pour mentir aussi effrontément. Jamais, au grand jamais M. Drach n'a fait de pénitences publiques, ni dans la synagogue de Mayence, ni dans celle de Londres, ni dans aucune autre, grâce à Dieu. Personne, sans doute, n'en croira Deutz sur parole ; cependant je vais rendre palpable la perfidie de cette horrible imposture.

A. Si pareille chose eût eu lieu, les juifs n'auraient pas manqué de le publier à son de trompe, de le crier sur les toits dès son retour à Paris avec ses enfans, afin d'arrêter l'effet de ses ouvrages. Car aussitôt que M. Drach fut rendu au repos, il consacra sa plume à combattre les erreurs et les doctrines pernicieuses de la synagogue, et à prouver à ses anciens co-religionnaires la vérité de la religion catholique (55). On sait que ces écrits, au grand déplaisir de la synagogue, ont amené plus d'un israélite au giron de l'Église.

B. Après que M. Drach fut revenu à Paris avec ses enfans en 1824, Deutz ne lui épargnait ni les injures ni les outrages. Pourquoi ne publia-t-il pas alors ces prétendues pénitences? C'est qu'à cette époque là, *Simon* n'était pas encore aussi avancé dans la voie du mensonge, que le *Judas* de 1835.

C. Dans l'espace de temps, hélas! trop court, où Deutz était véritablement converti, en 1827, c'est-à-dire, *quatre ans* après l'époque assignée à ces prétendues pénitences, il parlait de son beau-frère comme d'un *saint chrétien*, tout le monde peut l'attester, et se recommandait vivement *à ses prières* : on a vu plus haut dans quels termes. (56)

D. Deutz dit lui-même que l'abjuration de Drach avait été la *cause de sa mésintelligence avec sa femme* (p. 65 du pamphlet). Pourquoi donc celle-ci continuait-elle de se tenir loin, de lui cacher sa retraite ? Pourquoi *plus d'un an après*, quand il arrive à Londres, refusa-t-elle de vivre avec lui, et le chassa-t-elle de chez elle ?

E. Les lettres que M. Drach reçoit de plusieurs catholiques notables de Mayence, entre autres du célèbre professeur de théologie, M. l'abbé Liberman, alors supérieur du séminaire de cette ville, expriment toutes *la plus haute estime pour sa personne et ses qualités*. Je blesserais la modestie de mon ami si je transcrivais ici les témoignages que rendent à sa piété ces respectables chrétiens, qui se recommandent à ses prières, comme à celles d'un confesseur de la foi.

Mais allant plus loin, je suppose pour un moment comme vraie la calomnieuse imputation de Simon. Qu'en résultera-t-il? C'est que les juifs qui se plaignent toujours d'être persécutés, sont les plus terribles persécuteurs qu'il y ait jamais eu sur la terre. Vous avez donc, MM. les Israélites, appliqué un néophyte à la torture afin de violenter sa conscience; car depuis qu'il est délivré de vos tourmens, nous le voyons pratiquer avec ferveur sa nouvelle religion. Prenez-y garde, depuis votre dispersion vous ne fûtes jamais plus puissans que vous ne l'étiez en Espagne dans le 14me siècle. Mais l'acharnement avec lequel vous poursuiviez vos frères convertis, souleva le peuple contre vous. Vos excès provoquèrent d'autres excès, jusqu'à ce qu'enfin les massacres et l'exil purgeassent l'Espagne de votre turbulente présence. N'allez pas dire que nous vivons dans un *siècle philosophe*, car ceux dont au jour d'un nouveau *Heb!* (57) vous aurez le plus à craindre, ce sont les incrédules. Leur chef, Voltaire, était votre mortel ennemi.

3°. « Le lâche la trompa de nouveau, et dis-
« parut un matin emmenant avec lui ses trois enfans » (pamphlet p. 68.).

« Je chercherais en vain à peindre l'affliction de
« ma sœur, quand elle apprit la fuite de son mari
« et l'enlèvement de ses enfans; il est de ces dou-
« leurs qu'une épouse et une mère peuvent seu-
« les ressentir, et que l'expression est impuissante
« à rendre. » (*Ibid.* p. 69).

Voilà des phrases à effet ! Le vil calomniateur les couronne par une autre *belle* tirade, servant de cadre à une assertion vraiment curieuse. « Avant de quitter Paris, dit-il, Drach s'était « aussi assuré de l'appui de Madame, et Madame « qui ne devait être étrangère ni aux joies, ni aux « douleurs de la maternité, qui ne pouvait ignorer « tout ce qu'il y a de tendresse et de désespoir « dans le cœur d'une mère à laquelle on arrache « ses enfans, Madame avait consenti à tremper « dans ce complot !!!..... » (58). C'est le reproche que le loup adresse à l'agneau : *Et je sais que de moi tu médis* l'an passé ! Et de notre loup ou peut dire, comme de celui de La Fontaine :

Un loup survient à jeûn qui cherchait aventure.

On a vu plus haut, et Deutz le sait très-bien, qu'à cette époque, en 1823, M. Drach n'avait encore l'honneur d'être connu, ni directement ni indirectement, d'aucun des augustes membres de notre famille Royale. *La bonne Duchesse* ignorait probablement jusqu'à l'existence de mon ami. J'expliquerai dans le prochain chapitre dans quel but le traître fait cette chicane à sa royale victime. Rétablissons les faits qui concernent M. Drach.

Deutz qui a pour système d'appeler le mal *bien*, et le bien *mal*, représente comme une action simple et innocente, celle d'une femme qui abuse traîtreusement de la faiblesse de son époux, non seulement pour déserter la maison conjugale, mais aussi pour priver un si bon père de ses enfans, le plongeant ainsi dans une douleur amère capable de le conduire au tombeau; car on peut affirmer de M. Drach ce que l'écriture dit du patriarche Jacob et Benjamin, *que son âme est étroitement liée à l'âme de chacun de ses enfans.* Cette coupable épouse le laisse pendant *plus d'un an* dans la plus cruelle incertitude sur le sort des êtres qui lui sont si chers : Ses gémissemnes, ses prières, qui auraient touché des tigres, ne peuvent obtenir un seul mot pour calmer ses mortelles inquiétudes. Si une fois cette femme barbare écrit à son mari désolé, c'est pour enfoncer le poignard plus avant dans son cœur. (Voy. Plus haut page 25). Et lorsque, après tant de souffrances ce père infortuné rentre dans la possession des enfans mineurs, que la loi lui adjuge en menaçant leurs ravisseurs de peines infamantes et afflictives, Simon dit qu'il y a eu *enlèvement !* C'est bien le monde renversé.

Mais qu'on n'aille pas croire que M. Drach se souvenant de la conduite atroce de sa femme ait songé un seul instant à la *priver de ses enfans.* Sans fiel, sans rancune, il n'a cessé, *pendant dix ans*, de l'inviter à rejoindre son mari et ses enfans, lui offrant une existence honnête, et promettant de ne rien épargner pour la rendre heureuse (59). Epouse rebelle, mère dénaturée, Sara Deutz resta sourde aux touchantes avances de M. Drach, et, le croirait-on? surpassant la férocité de la tigresse et de la lionne, elle répudia ses petits enfans et ne voulut pas même avoir de leurs nouvelles (60). C'est cette circonstance qui arracha à M. Drach, dans un de ses ouvrages (61), ce cri de douleur : « Prophète ! prophète ! tout Jérusalem, vous a « entendu prononcer solennellement ces paroles : « *Une femme ne peut oublier son jeune enfant,* « *ne peut ne pas s'attendrir sur le fruit de ses* « *entrailles!* » (Isaïe 49)

Elle fut donc bien gratuite la prétendue désolation de la sœur de Deutz, la bonne, la sensible Sara ! Elle avait entre les mains un remède à sa douleur, bien facile, c'était de rentrer dans le devoir, ou plutôt de ne pas étouffer dans son cœur le cri de la nature. On ne lui a pas *arraché ses enfans*, comme dit Deutz, puisqu'il lui était libre de se réunir à eux. C'est elle qui avait *arraché* à M. Drach ses enfans avec des raffinemens de cruauté.

Oh! combien elle est différente des femmes dont les muses de l'histoire et de la poésie célèbrent les actes d'héroïsme maternel, la Deutz qui maltraitait à Londres ces innocentes créatures avec une inhumanité révoltante. Je pourrais bien ici rembrunir mon tableau si je voulais citer des traits de cruauté qu'on aurait peine à croire possible de la part d'une mère, quelque violente qu'elle soit, si nous n'en avions pas des témoins irrécusables. Mais je ne veux pas attrister davantage l'esprit du lecteur. Ce que j'ai rapporté jusqu'à présent suffit pour mon objet. J'ajouterai seulement que la fille aînée de M. Drach âgée alors de cinq ans, mérita d'être mise au nombre des confesseurs de la Foi. Les souffrances et le courage de la pieuse enfant seront publiés en temps et lieu. (62)

4°. « Laissant sa femme enceinte. »(Pamph. P. 68.)

« Je n'ai voulu me venger de lui qu'en assurant
« la vie de sa femme qu'il avait laissée sans ressource
« et sans pain, et en plaçant *ses enfans qu'il*
« *avait abandonnés*, dans l'une des premières
« pensions de Londres. » (*Ibid*. P. 70.)

En voilà de plus belles! M. Drach, ce père si tendre, ce père qui s'est soumis à d'horribles et longues tortures, pour recouvrer ses enfans enlevés, Deutz ose l'accuser d'être un père dénaturé, au point d'abandonner ses enfans. Excusez du peu! Mais tirons les choses au clair.

Certes, si M. Drach avait véritablement des enfans quelque part, il aurait déjà remué ciel et terre, pour parvenir à les posséder. Mais comment a-t-il pu *abandonner* des enfans dont il n'a jamais connu l'existence, je dis plus, dont l'existence est PHYSIQUEMENT IMPOSSIBLE. Que la famille Deutz dise, si jamais elle a notifié, ou *osé* notifier à M. Drach la grossesse et l'accouchement de Sara qui s'était refusée à toute cohabitation avec lui. Si celle-ci avait donné *à son mari* des enfans après son départ de Londres, il eût été de la plus haute importance, pour sauver son honneur et celui de sa famille, de faire dresser l'acte de naissance de son enfant, afin d'en constater *l'époque précise*. Or, aucune déclaration de ce genre n'a été faite à la légation française de Londres. Le vieux Deutz a trop d'avocats à son commandement et connaît trop lui-même le code français, pour ignorer que cette formalité n'eût pu se négliger sans les plus graves inconveniens.

Mais il me reste une autre réflexion à soumettre au lecteur. L'infâme traître ment avec si peu de mesure qu'il se tend toujours à lui-même des pièges où il ne manque pas de se prendre. Il accuse (page 68) M. Drach d'avoir laissé, en partant de Londres, *sa femme enceinte*, et deux pages plus loin il l'accuse d'avoir abondonné LES ENFANS que sa sœur Sara a EUS après ce départ. Comment cette bonne dame aurait-elle pu avoir *après le départ de son mari*, PLUSIEURS ENFANS? . . . . . .
. . . .
. . . .
. . . .
. . . .
. . . .
. . . .

Il y a plus, la maladie qu'avait Sara à l'époque où son mari reprit ses enfans, *n'était nullement compatible avec l'état d'une femme enceinte.* J'en appellerais pour cela à sa conscience et à celle de son médecin, si l'une avait de la conscience, et n'était peut-être trop intéressée à le nier, et si l'autre n'était pas juif.

En somme, les circonstances que je viens de relater démontrent l'imposibilité que M. Drach soit devenu père à Londres. Si la malheureuse sœur de Deutz y avait donné des preuves de fécondité, et il est permis d'en douter, au nom de mon ami je repousserais ces enfans comme étrangers à lui. Le déshonneur en retomberait entièrement sur l'épouse parjure qui a méconnu l'autorité de son mari (63), et sur la famille du Judas, qui a entretenu dans ces coupables dispositions cette femme aux passions violentes, après l'avoir plongée dans le veuvage à l'âge de vingt-huit ans.

Mais supposons pour un moment comme vrai le système de Deutz au sujet de cette paternité, de quoi pourrait-on encore blâmer M. Drach? D'avoir *rendu sa femme enceinte?* Mais c'était la première condition du mariage qu'elle s'exposerait à devenir enceinte. De l'avoir abandonnée en cet état? Hélas! c'est elle qui a *abandonné son mari.* Celui-ci, depuis son départ de Londres, n'a cessé *pendant* DIX ANS de l'inviter à venir le rejoindre, mais en vain. Quant à l'enfant, ou mieux aux enfans, dont il plaît à Simon de gratifier M. Drach, on n'avait qu'à les mettre à la disposition de leur père qui, toujours dans notre supposition, ne les aurait certainement pas refusés.

Mais admirez la générosité de Deutz. « Je n'ai « voulu me venger de lui, dit-il, qu'en assurant « la vie de sa femme qu'il avait laissée *sans res-* « *source et sans pain* » (Pamph. p. 70) Qui ne voit que ce ne fut pas pour obliger M. Drach, mais bien au contraire pour soutenir sa femme dans sa révolte, et éloigner d'elle le besoin d'aller partager le *pain de son époux*. On sait, au reste, combien il répugnerait à M. Drach de tirer le moindre avantage du détestable argent que le traître a ramassé dans la fange. Il a renoncé formellement, dans une lettre adressée au père du Judas, à tout héritage qui pourrait lui échoir du chef de la famille enrichie de l'exécrable prix de la trahison.

Pendant fort long-temps M. Drach n'a épargné aucune démarche pour ramener son épouse égarée. Maintenant les circonstances sont bien changées. Il a déclaré, et je déclare de nouveau en son nom, que si Sara Deutz voulait revenir à lui, il la repousserait avec horreur et la loi autoriserait sa répugnance. La famille de Simon ne lui est donc plus rien. Je félicite de tout mon cœur mon estimable ami d'en être *désapparenté*.

Nous examinerons dans le chapitre prochain comment Deutz, qui avait vécu en mendiant effronté jusqu'à l'affaire de Nantes, s'est trouvé après cet évènement en état d'assigner une pension à sa sœur, et de placer ses enfans dans une des premières pensions de Londres, si comme il ose l'affirmer il n'a rien reçu de la police.

5° « Lui emportant ses bijoux, et le peu d'ar-« gent qui lui restait. »

Ici il y a un moyen extrêmement simple de de convaincre Deutz d'imposture. C'est qu'après cet évènement *jusqu'à ce jour*, la sœur de Simon a continué de porter, non seulement tous les bijoux qu'elle avait apportés de Paris, et que son mari lui avait donnés, car elle n'en avait point d'autres, mais aussi une chaîne d'or avec fermoir garni en diamans que M. Drach lui a apportée à Londres.

Et puisque l'infâme Judas a l'impudeur d'accuser M. Drach d'avoir emporté l'argent de sa femme, je révèlerai malgré mon ami combien sa conduite a toujours été noble et généreuse envers une épouse dont il n'avait guère à se louer. Déjà à Mayence il économisa sur le produit de ses leçons, 200 francs pour les envoyer à Sara par l'entremise de Deutz père. Les registres du banquier de Mayence et de son correspondant de Paris en font foi. Quand il arriva à Londres, elle demeurait avec ces enfans dans une mansarde de Leman-street n° 81, garnie d'une vieille petite table, de quelques mauvaises chaises de paille bien sales, et d'un méchant grabat dont les draps étaient en loques : c'était la couche commune de la mère et des trois petits enfans. Ceux-ci, mal nourris, mal couchés, et encore plus mal traités, avaient été tous les trois gravement malades. Dieu me garde d'exagérer : tout cela est vrai *à la lettre*. Encore ce misérable mobilier n'était-il pas à Sara, car ce galetas était un *appartement garni* qui ne se louait que *meublé*. Le cœur de M. Drach fut brisé de l'état de misère où ses persécuteurs avaient réduit ses chers enfans. Il n'en fit point reproche à celle que cette circonstance rendait plus coupable envers lui, et pensa que c'était plutôt une occasion de ramener par sa générosité cette épouse égarée. Il lui prit donc au rez-de-chaussée de la même maison un appartement plus décent et plus commode, lui acheta des meubles et autres objets nécessaires dans un ménage (64). Ensuite il remonta la garde-robe de la mère et des enfans. Si bien que d'environ cent livres sterling qu'il avait apportées à Londres, il ne lui en restait plus que cinq à six lors de son départ de cette ville... Mais sa bonté pour une femme ingrate ne s'arrêta même pas là. Avant de quitter Londres, il pria une personne de faire tenir à son épouse une somme, promettant de la rendre sur le premier argent qu'il gagnerait à Paris. La preuve de ce trait admirable se trouve dans la lettre qui est le n° 34 des pièces déposées. J'en transcrirai tout-à-l'heure le passage qui y a rapport.

Mais comment la sœur de Simon Deutz répondit-elle à la conduite si grande si noble de son époux? Elle s'empara de toutes ses hardes, et refusa de rendre jusqu'aux effets des enfans qu'elle réduisit ainsi dans une saison rigoureuse aux seuls objets d'habillement qu'ils avaient sur eux. Oh la mère sans entrailles! Et Deutz ose encore dire (page 68) qu'elle est accessible comme une autre femme *aux joies et aux douleurs de la maternité !*

En outre, M. Drach conservait religieusement les lettres qu'il avait reçues de son père depuis l'âge de douze ans, âge auquel il était entré à l'académie talmudique (65). Ces lettres, les notes que M. Drach avait recueillies dans ses lectures depuis quinze ans, le manuscrit d'un de ses ouvrages en porte-feuille, et plusieurs papiers importans pour lui, tout resta sous la griffe de la Mégère qui n'en tira d'autre avantage que celui d'en priver son mari, son magnanime bienfaiteur! Plusieurs personnes, et enfin le consulat de France réclamèrent sans succès les objets que M. Drach demandait. Et en dernier lieu, pour mettre le comble à tant d'infamie, la digne sœur de Simon Deutz chargea son frère de calomnier et d'outrager le *père de ses enfans.* Car le Judas de Nantes n'a pu attaquer M. Drach que de concert avec sa *sœur de prédilection.*

Maintenant posons encore ici que l'assertion de notre imposteur soit vraie. M. Drach aurait été parfaitement dans son droit, si, lui mari, avait repris tous les bijoux donnés à une femme qui méritait si peu ses bontés. Que Deutz demande plutôt à son avocat. Mais il n'en fut pas ainsi. M. Drach a ajouté à ces bijoux un article de prix; en Allemagne, il s'est imposé des privations pour envoyer de l'argent à sa femme ; à Londres, non seulement il a vidé ses poches pour la tirer de l'état le plus misérable, mais encore il avisa au moyen de lui faire tenir de l'argent après son départ.

Voici le passage de la lettre dont j'ai fait mention plus haut (p. 58) « M... a envoyé un jeune
« homme chez votre femme pour lui demander
« tous vos effets, aussi bien que de lui donner l'ar-
« gent de votre part. Madame votre femme ne
« voulait rien donner de vos effets... Mais puis-
« qu'elle n'a pas voulu donner un seul de vos ef-
« fets, le jeune homme ne lui a pas laissé l'argent
« non plus (voir p. dép. n° 34). »

Je m'arrête ici quoique je n'aie pas épuisé tous les torts de Sara et de sa famille envers M. Drach, tant s'en faut! Mais je ne veux pas aller pour le moment au-delà du *strict nécessaire :* le lecteur devinera facilement ce qui retient ma plume. Mais que la famille Deutz y prenne garde. Son Simon, par haine pour M. Drach, a eu la témérité de soulever un coin du voile qui couvre de grandes iniquités Si nos ennemis ont l'audace de provoquer de nouvelles explications, alors ma main indignée déchirera entièrement ce voile déjà entamé ; et la honte et la confusion retomberont sur *quiconque ne sera pas jugé innocent* au tribunal du public. Il y a bientôt *dix ans* que dans ma lettre sur les persécutions de M. Drach, j'annonçai (66) de nouvelles révélations si nous y étions provoqués, et j'ai tenu parole. Cette fois je n'y manquerai pas non plus. Que mon ami se rassure ; il n'y a plus aucune solidarité entre lui et cette famille qui lui est devenue étrangère par un divorce désormais définitif.

§ VI.

M. Drach est un de ces hommes, en petit nombre, qui peuvent avec une noble fierté présenter leur vie entière à leurs amis et à leurs ennemis. Je n'ai pas besoin de parler de sa conduite honorable depuis qu'il est chrétien : elle est connue dans toute l'Eglise. A la cour de France, comme dans la Ville Sainte, il s'est concilié l'estime et la bienveillance de tout ce qu'il y a de grand et d'illustre en vertus et en mérite. Mais même avant sa conversion à la vraie Foi, sa vie vertueuse lui attirait les éloges des autorités et des notabilités de la synagogue, sous les yeux desquelles il était resté depuis sa première jeunesse jusqu'à l'âge de trente-trois ans, époque de son baptême.

Citons-en quelques preuves.

1° Lettre du consistoire Israélite de la circonscription de Paris, en date du 3 mai 1819 (voir p. dép. n° 30).

« A monsieur Drach, rabbin, docteur de la loi
« et gradué à la faculté des lettres de l'Académie
« de Paris. »

« Monsieur, rendant justice à vos talens et à *vo-*
« *tre conduite*, nous avons le plaisirs de vous an-
« noncer que nous vous avons nommé comme
« maître de l'école d'enseignement mutuel que
« nous avons résolu d'établir dans le département
« de la Seine pour faciliter à la jeunesse l'ac-
« quisition d'une instruction religieuse, morale
« et civile qui la mette à même de connaître et de
« remplir ses devoirs envers Dieu, envers le
« prince et la patrie. *C'est à vous, monsieur, que*
« *nous confions cette tâche honorable et délicate.*
« Nous aimons à croire que vous ne négligerez
« rien pour justifier la confiance que nous vous
« accordons, et nous nous ferons un plaisir d'ap-
« plaudir à vos efforts qui confirmeront sans doute
« la *bonne opinion que nous avons conçue de*
« *vos lumières et de votre moralité...* »

2° Rapport sur l'école primaire gratuite des israélites de Paris, fait en 1820 par le comité d'administration et de surveillance de cette école (voy. p. dép. n° 31).

A. Page 4. « M. Drach, jeune docteur de la loi,
« gradué de l'univèrsité, *distingué par sa con-*
« *duite exemplaire*, par ses connaissances va-
« riées, et d'un âge qui lui permettait de s'appro-
« prier promptement les nouveaux procédés, fut
« proposé par la commission, et le consistoire le
« nomma définitivement le 26 avril 1819. »

B Page 10. « MM. de Cologna, président du Co-
« mité et du Consistoire central, et B. Rodrigues,
« membre du Consistoire départemental, ont
« prononcé des discours. M. Drach de son côté
« a adressé à ses élèves une exhortation *morale*
« *et religieuse.* »

C. Page 16. « M. Drach *continue à justifier* le
« choix du consistoire. L'intelligence et le zèle
« qu'il met dans l'exercice de ses pénibles et ho-
« norables fonctions sont dignes d'éloge, et ses
« titres à la bienveillance du Consistoire sont d'ail-
« leurs consignés dans les résultats des examens
« ci-dessus rapportés. »

« Les tableaux pour la lecture de l'hébreu, et les
« cahiers d'arithmétique, dont il est auteur, ont
« facilité les progrès des élèves dans ces deux
« parties de l'instruction. M. Drach a reçu de l'u-
« niversité un diplôme d'instituteur de premier
« degré, et a obtenu un livret du même degré à
« l'école normale de Paris. »

3°. Procès verbal de la distribution des prix
faite aux élèves de la même école, le 31 octobre
1820. (voy. p. dép. n° 31 bis.)

A. Discours de M. Tarbé, adjoint au maire du 7ᵉ. arrondissement (page 11) :

« Le respectable président et les membres du
« Consistoire central qui, en déterminant le Con-
« sistoire départemental à fonder cet établisse-
« ment, vous ont assuré le bienfait d'une éducation
« morale et religieuse, les membres du comité
« chargé de le surveiller, et *l'estimable profes-*
« *seur qui* sous leur direction éclairée, *a su jus-*
« *tifier la confiance honorable attachée à ses*
« *fonctions,* ont droit à votre reconnaissance et à
« celle de vos familles. »

B. Discours du chevalier de Cologna, grand-rabbin (p. 14).

« ... Enfin le docte et habile professeur qui
« est, pour m'exprimer ainsi, le principe vivifiant
« de cet établissement. »

C. Discours de M. B. Rodrigues, membre du Consistoire départemental (p. 17.)

« ... De me réjouir avec vous, jeunes élèves,
avec votre *digne professeur.* »

4°. Lettre de M. Michel-Berr, israélite distingué autant par sa position sociale, que par son mérite littéraire (voy. p. dép. n° 32.)

« Paris, ce 14 février 1820. Monsieur et estimable ami.

« Le suffrage d'un rabbin instruit, d'un *ver-*
« *tueux* docteur de la loi de Moïse, du digne
« professeur de l'école élémentaire israélite, d'un

« savant déjà connu par d'estimables productions,
« ne peut que m'être dans cette occasion, aussi
« agréable qu'utile et flatteur. »

5°. Préface d'un ouvrage élémentaire pour les écoles israélites sous le titre : *Abrégé de la Bible et Choix de morceaux de piété et de morale à l'usage des israélites de France*, par un israélite français, Paris 1819. (voir p. dép. n° 33.)

A. Page XIII. « Enfin M. Drach, jeune rabbin
« et gradué de l'université royale, recomman-
« dable par beaucoup de zèle, d'érudition et de
« lumières et par d'*excellentes qualités morales*
« *et sociales*, vient de publier tout récemment
« une nouvelle traduction de la plus grande partie
« de ces prières. »

B. Pages XXX et XXXI. « M. D. Drach, dont
« j'ai déjà eu dans cette préface, l'occasion de
« louer l'instruction, le zèle et le caractère, a été
« nommé professeur de cette école (de l'école
« consistoriale) et il eût été très difficile de faire
« un meilleur choix. D. Drach, rabbin, fait les
« samedis, sur des sujets de morale et de théolo-
« gie, des lectures et des discours qui doivent
« avoir de plus en plus de nombreux spectateurs,
« et excitent déjà beaucoup d'intérêt. »

J'aurais beau jeu si je voulais transcrire ici les exagérations laudatives que dans leur style oriental les rabbins de France prodiguèrent à M. Drach dans les diplômes de rabbin qui lui ont été délivrés à diverses époques. Ceux de ces rabbins qui le connaissaient depuis son enfance, attestèrent que *dès ses premières années le jeune David était pour les autres enfans, brebis de la sainteté d'Israël, un modèle de sagesse dans la conduite, d'application à l'étude des oracles cachés dans les profondeurs des mers du Talmud, de ferveur dans le services de Jéhova le puissant de Jacob.* Cela veut dire que le petit David Drach était un enfant sage et studieux.

Maintenant je laisse au lecteur à faire le parallèle de la vie de M. Drach, et de celle de son calomniateur, chacun depuis son enfance jusqu'à ce jour.

V.

Simon Deutz se convertit, *par curiosité* si vous l'en croyez. — Simon se pervertit. — Pourquoi il a quitté Rome. — Ses voyages aux États-Unis, au Canada, à Londres. — Service de *pure obligeance...* moyennant salaire. — Il refuse de belles places bien lucratives, et des mariages brillans, et il ne peut pas réussir à entrer comme *ouvrier* dans un atelier, ni comme *époux* dans une famille pauvre. — Sans fortune, sans vouloir travailler, il vit bien, il voyage en grand seigneur, en exploitant la charité catholique.

Qu'il n'y ait parmi vous aucun Simon, *aucun* hypocrite ; *qu'aucune* curiosité *ne vous amène ici.*

Premier discours de S. Cyrille Jérusalémite aux cent chumènes.
Traduction de Grandcolas.

§ 1

Deutz, avant sa conversion n'avait aucune croyance fixe, et comme cela arrive à une grande partie de notre jeunesse *pensante*, la tête lui tournait au milieu d'une étrange confusion de *pensée.* « Tantôt Dieu *n'était qu'un mot* pour lui, tantôt se ravisant, il voulait bien accorder l'existence à l'*Être-Suprême.* Sa raison flottant à tout vent de doctrine, et prononçant des arrêts contradictoires reléguait mille fois par jour l'âme dans les religions du monde idéal, et autant de fois lui permettait de revenir de son exil à des condition plus ou moins modifiées. Le ciel, l'enfer, et tout ce que la révélation fait connaître, n'étaient pas plus épargnés : tantôt chassés, tantôt rappelés, au gré d'une imagination vagabonde, et d'un esprit qui n'avait rien de fixe que son incertitude, *solâ constans in levitate,* on aurait dit qu'ils n'étaient créés que pour disparaître et reparaître sans interruption (67). »

Il s'était affranchi des pratiques du judaïsme, et à l'exemple de tous les juifs qui, suivant le torrent du philosophisme, secouent le joug de la religion, il ne tenait plus à la synagogue que par son aversion pour la foi catholique, et par sa haine du nom chrétien. On a vu dans le chapitre précédent avec quel acharnement il a persécuté son beau-frère converti, malgré l'amitié qui les avait unis, malgré les bienfaits qu'il en avait reçu.

M. Drach, dans sa relation de la conversion de Deutz, a rendu compte de quelle manière les troubles intérieurs de Simon ont fini par l'amener au catholicisme. J'ajouterai une circonstance que sa modestie lui a fait passer sous silence :

Deutz ne trouvant plus d'*air respirable* dans l'incrédulité, avait essayé, mais en vain, d'observer fidèlement la religion rabbanite. Son cœur, comme depuis il a écrit à son père, *éprouvait le besoin d'un culte d'amour.* Lorsque en 1827 M. Drach tint envers lui une conduite vraiment évangélique (68), il commença à regarder le catholicisme d'un autre œil. *Elle est sublime, elle doit être divine,* dit-il, *cette religion qui élève au-dessus des passions humaines. Aucun de mes amis n'est venu à mon secours ; c'est l'homme que j'ai persécuté sans pitié, qui m'ouvre ses bras et sa bourse ;* et il s'estime heureux de me rendre service.

« Il ne communiqua, dit M. Drach (69), son heureuse pensée de s'instruire des dogmes de l'Eglise, en protestant toutefois qu'il n'était pas encore décidé à se faire chrétien, attendu qu'il n'avait pas la conviction nécessaire pour se résoudre à une démarche aussi sérieuse. En même temps la Providence lui ménagea le bonheur de voir monseigneur l'Archevêque de Paris. Il découvrit au saint Prélat toutes ses dispositions, sans même lui cacher qu'il n'était pas encore entièrement convaincu de la vérité de la religion catholique. L'illustre pontife daigna s'entretenir long-temps avec le jeune israélite qui le quitta édifié de l'onction de ses paroles, et surtout étonné d'avoir rencontré un *prêtre qui croyait de bonne foi.* Je le mis en rapport avec plusieurs autres ecclésiastiques, et il ne tarda pas à acquérir la certitude que les prêtres ne sont pas des *jongleurs*, comme le croient généralement les jeunes gens qui se repaissent journellement des articles impies de nos folliculaires irreligieux. »

« Cette découverte lui inspira l'idée d'une autre expérience. *Je vois maintenant*, dit-il, *que lorsqu'on examine les choses de près, on se délivre de plus d'un préjugé, de plus d'une injuste prévention. Je veux faire connaissance avec les Jésuites.* Les Jésuites ! Les terribles Jésuites dont le nom seul avait la propriété de le mettre en fureur ! Nouveau sujet d'étonnement. Dans ces maisons ou sur la foi des organes de l'anarchie, il avait cru que se tramaient les intrigues les plus coupables, que se décidait le sort de toute l'Europe, que trouve-t-il? Des religieux vivant dans la plus grande simplicité, renonçant à eux-mêmes, ne s'occupant qu'à travailler dans la vigne du seigneur, et à élever des enfans dans la crainte de Dieu et l'amour du roi. Certes, ils sont bien dangereux aux yeux d'un certain parti, ces hommes qui voudraient faire de nos jeunes gens de bons chrétiens et des royalistes fidèles. Tels cependant devraient être tous les Français. »

« Charmé des discours sages et édifians de ces saints religieux, M. H. Deutz demande et obtient la permission de revenir souvent jouir de leurs entretiens si intéressans. Un jour que je l'accompagnais dans une de ces visites, il entre avec moi dans la chapelle de la maison, et se jetant à genoux, il conjure le Dieu des lumières d'éclairer son esprit. *C'est singulier*, me dit-il en sortant de là, *vous savez quelle horreur j'ai toujours eue pour Jésus-Christ*, eh! bien, *je viens d'éprouver, en le priant, un plaisir extréme.* Dès cet heureux moment M. H. Deutz ne se défendit plus de se convertir, et il songea même à se rendre à la capitale du monde chrétien pour y achever son instruction religieuse. »

« J'étais alors témoin des combats qu'il soutenait généreusement contre les suggestions du démon. *Que diront les juifs?* Que diront ses anciens amis quand ils apprendront le baptême de cet esprit indépendant, de ce jeune turbulent qui s'est tant acharné contre son propre frère, parce qu'il s'était fait catholique? Telles étaient les pensées qui se présentaient sans cesse à son esprit. Son cœur éprouvait un chagrin encore plus vif lorsqu'il se mettait devant les yeux la douleur qu'il allait causer à son père. Mais en digne fils d'Abraham il obéit à la voix qui lui criait, comme au saint patriarche de sa nation : *sortez de votre pays, de votre parenté et de la maison de votre père; et venez au pays que je vous montrerai* (gen. XII. I.) »

« Mes filles, instruites de la conversion de leur cher oncle, donnèrent des marques de cette joie naïve dont l'enfance seule possède les heureuses expressions. Elles résolurent sur-le-champ de faire une neuvaine pour obtenir encore de la miséricorde divine la conversion de leur mère dont elles regrettent si vivement l'absence. »

« On ne saurait rien imaginer de plus touchant que l'entrevue du pieux catéchumène et de ma fille aînée qu'il n'avait pas vue depuis le printemps de 1823, époque de l'enlèvement de mes trois enfans. Elle ne pouvait se lasser de lui témoigner, par ses innocentes caresses, *combien elle était heureuse de voir qu'il n'était plus* PAÏEN, c'étaient ses expressions, et qu'*il ne voulait plus l'envoyer à Londres pour l'empêcher d'aller à la messe*, etc. »

« Le moment du départ était enfin arrivé. Notre séparation nous coûta bien des larmes à tous deux; car, depuis que nous nous revoyions, l'ancienne amitié, qui autrefois liait étroitement nos cœurs, avait repris tous ses droits. Pour cette fois un lien indissoluble (70) nous unissait : nous n'étions plus seulement frères selon la chair, mais de plus, *frères en Jésus-Christ* ; nous pouvions nous appliquer, dans toute la force de l'expression, ces paroles du roi-prophète : Combien elle est douce et agréable, la parfaite union de deux frères. *Ecce quam bonum et quam jucundum habitare fratres in unum.* »

Deutz se trouvait alors à l'époque de sa vie que M. Drach appelle *les momens lucides de Simon*.

Cependant comme la vacillation, la perplexité forme le caractère distinctif de cet individu, arrivé à Lyon, il commença déjà à chanceler dans sa résolution. Assis sur une borne d'un air égaré, tant son esprit était absorbé, il flottait entre le parti de continuer sa route vers Rome, et celui de retourner à Paris se jeter aux pieds de son père. Les Lyonnais tout occupés de leurs soies, passaient et repassaient sans remarquer cet homme qui avait la mine d'un malheureux en proie au désespoir, et luttant peut-être contre la pensée de finir une vie pénible dans les flots du Rhône.

Mais il est une congrégation de prêtres qui, pour se dévouer sans réserve, en vue de Dieu, au bien du prochain, et rendre meilleure la société, laquelle, hélas! par l'irruption des principes subversifs, se désorganise de plus en plus, renoncent à eux-mêmes, et remettent leur volonté entre les mains de leurs supérieurs. Et pour un si beau sacrifice en faveur de l'humanité, ils n'attendent dans ce monde, que la haine, la calomnie et la persécution, bien souvent de ceux-là même qui ont éprouvé leurs bienfaits. J'ai nommé les Jésuites.

Un de ces admirables religieux vint à passer près de la borne de Deutz. Il crut apercevoir un infortuné abandonné des hommes, et aussitôt *il fut à son poste*. Mon ami, dit-il, en tirant doucement Deutz par l'habit, vous paraissez avoir du chagrin. « Celui-ci sauta de sa place comme si on l'avait électrisé. La douceur avec laquelle fut prononcée cette apostrophe bienveillante, l'enthousiasme, encore tout frais, de Deutz pour les Jésuites, et surtout le besoin qu'il éprouvait de pencher son cœur vers un autre cœur pour y verser son trop-plein, lui fit regarder le bon père comme un ange que le ciel lui envoyait. Il s'ouvrit entièrement à lui, et en reçut des consolations et des conseils propres à le confirmer dans sa sainte et généreuse résolution. Notre aspirant au baptême, fortifié de la sorte, se dirigea donc vers la ville éternelle.

« Pendant la route (71) les anges du seigneur veillaient sur lui, conformément à ces paroles du psalmiste : car il a ordonné à ses anges de vous garder dans toutes vos voies. *Mon voyage*, m'écrivait-il (p. dép. n 5) *a été parfaitement heureux ; et plusieurs fois je me suis dit en route :* C'EST LE DOIGT DE DIEU (ex. 8); *car contre l'ordinaire, il ne m'est rien arrivé de fâcheux. C'est la première entreprise de ma vie dans laquelle je n'ai rencontré, grâce au seigneur, aucune espèce de fâcheuse occurrence.*

Pour continuer ce récit, j'extrairai des passages des propres lettres de Deutz, adressées à M. Drach. Le lecteur jugera par le ton du catéchumène que sa conversion a été bien sincère.

Lettre de Deutz du 1er novebmre 1827 (pièces déposées n° 4).

« Mon cher frère..., je vous dirai que grâce à
« Dieu, me voilà arrivé dans la *ville sainte*, et
« que déjà j'ai trouvé ici ce véritable caractère
« de charité évangélique qui a partout et toujours
« distingué les chrétiens. Monsieur le vénérable
« et respectable cardinal de la Somaglia, m'a
« reçu d'une manière vraiment paternelle qui
« m'a ému jusqu'aux larmes. »

« Je vois journellement ici mes bons Révérends
« Pères Jésuites. »

« Monsieur le Comte de S. a daigné me re-
« commander à madame la Comtesse de Riccini
« à Modène, *traductrice* d'un ouvrage de l'im-
« mortel abbé de Lamennais, cette dernière m'a
« donné une lettre pour le R. P. Ventura de
« Rome, que vous connaissez sans doute, c'est
« l'auteur de l'éloge de Pie VII, sa mémoire soit
« en bénédiction, je l'ai vu hier, il m'a offert de
« suite toute sa bibliothèque, composée de beau-
« coup de livres français, et surtout de tous les
« ouvrages de l'abbé de Lamennais, car le P. Ven-
« tura est un admirateur enthousiaste des ouvra-
« ges de ce dernier, et vous pensez bien que
« j'ai accepté avec joie. C'est à présent que je re-
« grette surtout de ne pas avoir étudié davantage
« car si j'avais déjà publié quelque ouvrage, je
« me *permettrai* d'écrire à M. de Lamennais, car
« je ne lis pas ses ouvrages, je les dévore des
« yeux. » Qu'ils ont changé *tous deux !*

Lettre du 8 novembre 1827 (p. dép. n. 5.)

« J.M.J. (72). Mon cher frère, partout, grâces
« à notre parenté, j'ai été reçu avec beaucoup d'é-
« gards, et enfin à Rome tout ce qu'il y a de per-
« sonnages distingués en vertus et en dignités,
« s'*empresse* de m'offrir *ses* services que j'ai ac-
« ceptés, en ce qui concerne le spirituel, c'est-à-
« dire, que toutes ces vénérables personnes ont
« la bonté de me procurer toutes les instructions
« nécessaires pour faire de moi un véritable
« chrétien, ainsi, grâces à Dieu, tout va le mieux
« du monde quant au spirituel, ce qui est le point
« principal. »

« Voici la marche que j'ai *adoptée* pour mon
« instruction religieuse. D'abord, je lis et relis
« vos *lettres*, qui contiennent pour un juif les
« preuves dont il a le plus besoin; les évangiles
« avec notes et commentaires; l'imitation de
« N. S. J.-C., je vérifie tous les textes qui ont
« rapport à la venue du Messie. (Que son nom
« soit loué (73), car au Vatican, grâces aux bontés
« de monseigneur Maÿ, j'ai tous les livres hé-
« breux dont je puis avoir besoin, ainsi qu'au
« *Collegio romano* où est le siège de mes études,
« et enfin, deux à trois fois par *semaines*, j'ai des
« conférences avec le R. P. Orioli. »

« Marquez-moi dans votre prochaine si M. de
« la Mennais est tout-à-fait remis de sa maladie;
« le bon P. Ventura qui vient me voir très sou-
« vent m'a fait la relation de la maladie de M. de

« Lamennais *écrite par lui-même*, cela m'a
« réellement touché jusqu'aux larmes. »

L'instruction de Deutz ne se passa pas sans de nouvelles hésitations, sans de nouveaux combats : il n'est pas dans le caractère de cet être de persévérer en quoi que ce soit. Tour à tour ferme et ébranlé, il ne saurait demeurer longtemps dans une résolution. Il est aujourd'hui dans le camp des impies ; dans un mois nous le verrons peut-être dans quelque monastère de la Trappe. Comme à Lyon, quelques sages observations l'affermirent dans son projet d'abjuration, et il se rendit de nouveau à l'attrait de la grâce divine. Cette fois, il paraît qu'il a continué de marcher d'un pas assuré, puisque Rome lui accorda le baptême. C'est ce que confirme aussi la lettre suivante du P. Ventura qui rendit compte de cet incident à M. Drach (voir p. dép. n° 6 bis.)

« Monsieur, (74) je prends la liberté, de vous écrire pour vous donner directement des nouvelles de M. Simon votre très estimable beaufrère, que vous m'avez fait l'honneur de me recommander par le moyen de M. Vaille et à la conversion duquel vous prenez un intérêt si vif et si touchant. Je ne dois pas vous dissimuler d'abord que pendant quelques jours, M. Simon parut chanceler dans sa résolution d'embrasser le christianisme. Mais lorsque tous les moyens humains me paraissaient être devenus inutiles et inefficaces pour l'amener à l'église, le bon Dieu, qui n'abandonne jamais ceux qui cherchent la vérité avec un cœur droit, vint lui-même au secours de M. Deutz, et sa grâce toute seule triompha de toute résistance. Triomphe, monsieur, tout propre du Dieu qui change les cœurs à son gré, et d'autant plus éclatant que la vérité n'eut pas seulement à combattre dans M. Simon les obstacles qui viennent naturellement des habitudes de la religion dans laquelle on a été élevé, mais les obstacles aussi qui dérivent de la vivacité d'un caractère indépendant accoutumé depuis longtemps à une grande latitude de penser, et qu'il faut ramener de trop loin; car ces sortes de caractères éprouvent de la peine à se persuader qu'il n'y a rien de plus honorable et de plus glorieux, que captiver le propre entendement en l'obsèque (75) de la foi. A présent M. Deutz est tranquille, mais cette tranquillité lui a coûté bien des efforts. Et j'espère que le bon Dieu n'a pas sans une grande raison livré cet esprit aux combats les plus rudes : il lui apprendront peut-être comment il faut s'y prendre pour ramener ses anciens frères à la vérité et au salut. Rien n'est plus édifiant que ses discours et sa docilité; rien n'est plus noble et plus tendre que les sentimens qu'il exprime avec une humilité et une douceur qui n'est pas de la terre. Il paraît enfin avoir compris la plus difficile, mais la plus importante des leçons, savoir qu'il faut se faire petit et imiter la simplicité, la candeur des enfans pour entrer dans le royaume des cieux. Moi et toutes les personnes aux prières desquelles je l'ai fait recommander, ne cessons pas de faire des vœux afin que le bon Dieu daigne confirmer des sentimens et des résolutions qu'il a fait naître, et achever un ouvrage qui n'est qu'à lui. Le baptême de M. Simon aura lieu le jour de la conversion de S. Paul, ou le jour de la purification de la S. Vierge, et vous, monsieur, aurez la consolation de l'embrasser vers la fin de janvier. Permettez-moi enfin, monsieur, que je vous adresse mes respectueuses et sincères félicitations pour la part que vous avez eue en cette précieuse conquête qui ne sera pas, je l'espère, sans conséquences. Que le bon Dieu vous comble de biens, et qu'il vous accorde ces jours tranquilles que votre foi et vos autres vertus semblent mériter, et qui sont le prélude de la tranquillité éternelle, à laquelle nous devons diriger sans cesse nos vœux et nos désirs. Je suis, monsieur, avec les sentimens de la plus affectueuse charité et de la plus profonde estime, votre très humble serviteur D. Joachin Ventura Théatin. Rome 9 janvier 1828.

Le 17 janvier suivant, Deutz écrivit à M. Drach (p. dép. n° 6.)

« J'aurais beaucoup de choses à vous écrire,
« mon cœur est si plein... (76) Le jour approche,
« où j'aurais le bonheur de renaître en notre sei-
« gneur Jésus-Christ !

« Quant au spirituel, comme je vous ai déjà
« marqué dans ma dernière, j'ai des conférences
« trois fois par semaines au moins avec M. d'Os-
« tini, archevêque de Tarse qui m'a été désigné à
« cet effet par S. Em. della Somaglia d'après l'or-
« dre du S. P. et qui s'est adjoint deux profes-
« seurs d'hébreu, afin d'expliquer les passages de
« la Bible, qui d'après mes anciennes habitudes
« pouvaient me présenter quelques difficultés. Je
« vais quatre à cinq fois par semaine chez les RR.
« PP. et O. Ils ont pour moi une bonté et une pa-
« tience évangéliques.

« J'ai éprouvé quelques jours d'orage, j'étais
« même sur le point de m'en retourner à Paris,
« sans le baptême ! c'était le judaïsme expirant,
« mais grâces à Dieu, mes yeux se sont tout-à-
« fait *désillés*, et sous peu j'aurais le bonheur
« d'approcher de la sainte table ! Ah ! que je *se-*
« *rais* heureux alors !

« ... Sitôt après mon baptême, je m'en *retour-*
« *nerai* à Paris pour annoncer moi-même à mon
« père que j'ai embrassé la *religion véritable*;
« cela lui fera, j'espère, avec la grâce de Dieu,
« un effet bien moins violent que s'il l'apprenait
« par les journaux ou *tout* autre voie, qui sait si
« Dieu ne se servira pas de moi pour opérer ce
« qui pour le moment nous paraît humainement
« impossible... (77)

« Priez pour moi, mon très cher frère, et re-
« commandez-moi aux prières de tous vos bons

« amis catholiques, et surtout à celle de monsei-
« gneur de Paris, pour qui j'ai une vénération
« toute particulière.

« Je vous recommande encore une fois de ne
« pas m'oublier dans vos prières.

« Je vous prie de ne pas chercher à voir mon
« père, car cela ne pourrait que l'irriter; il faut
« que ce soit moi-même qui lui annonce mon
« baptême, j'espère que le sacrement de confir-
« mation m'en donnera la force.

« Je termine en me recommandant encore
« une fois aux prières de tous les bons catholi-
« ques *vos* (78) et me dis votre frère en J.-C.

Simon Deutz, fils.

« Enfin (79) brilla le jour, le jour tant désiré où *l'eau des sources du salut* (Is. 12.) devait jaillir vers cet enfant d'Israël, et imprimer à son âme le *sceau* (Ezéch. 9.) des enfans de l'église. M. H. Deutz s'était préparé à cette importante cérémonie par des exercices propres à fortifier et augmenter ses bonnes dispositions ; il avait eu soin de m'exprimer encore une fois tout son regret de nous avoir persécutés, moi et mes enfans, en vue de notre nouvelle croyance.

« Sorti chrétien des fonts sacrés, il reçut dans le sacrement de confirmation le Saint-Esprit et l'abondance de ses grâces. Mais qui pourrait rendre la sainte ivresse du néophite, lorsqu'il eut ce bonheur après lequel il avait tant soupiré, d'être nourri de la manne céleste, de s'identifier en quelque sorte avec l'Homme-Dieu, dans lequel il venait de reconnaître le messie d'Israël, fils et seigneur de David, assis à la droite de Jéhova H. 1. CIX. 1.)? C'est surtout ici qu'il faut le laisser parler lui-même. (p. dép. n. 7.)

Très-cher frère,

« Béni soit le seigneur trois fois saint qui a daigné m'envoyer sa grâce, et qui a permis que j'arrivasse à la connaissance de la vérité, après avoir cependant dans le commencement résisté à la grâce. Avant-hier, dimanche, (80) j'ai été régénéré en N. S. Jésus-Christ. J'ai été baptisé par son éminence le cardinal d'Isoard, dans une chapelle qu'il avait fait préparer à cet effet dans son palais. Mgr. d'Ostini m'a confirmé, ensuite j'ai eu le bonheur d'approcher de la sainte table. Jamais depuis que j'existe, je n'ai éprouvé une émotion aussi forte, ni aussi douce que lorsque je reçus le corps, le sang, l'âme et la divinité de N. S. Jésus-Christ, sous les apparences du pain. Son éminence d'Isoard m'adressa ensuite un petit discours tout paternel sur les devoirs que j'aurais maintenant à remplir comme chrétien. J'espère, avec la grâce de Dieu, pouvoir les remplir tous, *même au péril de ma vie, si Dieu daigne m'envoyer cette épreuve.*

« Je vous envoie ci-joint une lettre à mon respectable père vous vous en refèrerez aux conseils de Mgr. l'archevêque de Paris, si vous pouvez la lui faire parvenir. Et en attendant joignez-vous à moi afin que Dieu l'éclaire ainsi que le reste de ma famille; et que par la suite, s'il plaît à Dieu, nous soyons une même chair.

« Je me recommande bien vivement à vos prières et me dis bien sincèrement pour toujours votre frère en Jésus-Christ. »

Hyacinthe DEUTZ. »

Voici la lettre qu'il écrivit à son père, (pièces dép. n. 13.)

(8) « Rome, ce 5 février, 1828.

» Paix et toutes sortes de félicités à tout jamais. Mon cher père, *Qui a cru notre annonce? Et sur qui le bras de Dieu s'est-il révélé?* (Isaïe 53). Me voilà catholique, grâce à Dieu, depuis quatre jours; il était temps! j'étais membre d'une secte que l'on appelle improprement *déiste*, mais que l'on devrait appeler athée; car, ainsi que tu me l'as dit souvent, très cher père, qu'est-ce qu'un dieu à qui tous les cultes sont indifférens? Qu'est-ce qu'une religion qui rejette les peines et les récompenses de l'autre vie? Oui, il était temps, car les eaux avaient pénétré jusqu'à mon âme. (Ps. LXIX.) Maintenant je suis si calme, si content! je ne l'étais pas depuis long-temps, comme tu le sais toi-même. Que Dieu daigne me continuer cette grâce. Ma jeunesse a été, hélas! une des plus orageuses. Je te disais souvent que notre religion ne m'offrait aucune consolation, parceque mon cœur éprouvait le besoin d'un culte d'amour. S'il est, te disais-je, des hommes de Dieu, séparés du monde, je me trouverais au comble de mes vœux d'être de leur nombre. Maintenant je puis arriver à ce que j'ai désiré si vivement : je vais étudier la théologie pour embrasser l'état ecclésiastique... En écrivant cette lettre, je ne puis retenir mes larmes. Tu es si vertueux, si estimable par tes qualités, et cependant depuis long-temps bien malheureux! mais je suis certain que Dieu te réserve une grande récompense (82) et qu'il te rendra selon tes œuvres... Sois persuadé que je ne t'ai jamais respecté autant que je fais maintenant et que dorénavant rien ne me coûtera pour te prouver que je suis ton fidèle et soumis fils, etc. »

Quelques semaines après, il s'en fallut peu que le néophite ne joignît le baptême du sang au baptême d'eau. Il en rendit compte à son père en ces termes : (Voy. p. dép. n. 9).

Rome, ce 2 mars, 1828,

Paix et toutes sortes de félicités à tout jamais. Mon cher père à de longs jours heureux, jeudi soir, quand je revins d'une promenade, ma propriétaire me dit que je devais aller sur le champ chez un haut personnage de ma connaissance qui avait à me communiquer une affaire pressée. Je me rends à l'instant chez lui, et voici ce qu'il avait à me dire : *Depuis ce matin un juif français a été cinq fois dans votre maison. Il disait qu'il s'en retournait le lendemain à Paris, et qu'il avait absolument besoin de vous parler aujourd'hui. Ceci ne serait rien*, ajouta le respectable personnage, *mais deux hommes de mauvaise mine l'accompagnaient toutes les cinq fois qu'il est venu chez vous. Mais ils ne montaient pas avec lui dans votre chambre; il l'attendaient à la porte de la maison. Ce juif est allé jusque dans votre chambre, a ouvert vos livres, et les a refermés en proférant des imprécations. En se retirant les deux individus qui l'attendaient dans la rue, ont dit* : Il faut absolument que nous le trouvions, car cela nous sera bien payé. » *Ainsi, mon cher M. Deutz, ne vous effrayez pas; ce juif est probablement déjà arrêté avec sa compagnie, et dans quelques jours cette affaire sera éclaircie.*

Tu peux t'imaginer, mon cher père, que je fus d'abord très effrayé. Mais je me tranquillisai bientôt. Mes pensées se portèrent de suite sur Salomon Nayman, parce que je savais qu'il faisait souvent pour Rothchild le voyage de Naples. Je compris aussi sur le champ le danger qu'il courait : je tremblais ! A quoi ne s'était-il pas exposé par ce coup téméraire !... Le lendemain matin je me rendis à son hôtel, car c'était Nayman, je ne m'étais pas trompé. Il avait d'ailleurs laissé son adresse chez moi. Le maître de la maison me dit qu'il était déjà parti. Tu ne saurais t'imaginer combien je fus content. Simon Deutz.

N. B. (83) Je me porte dieu merci, très-bien, et suis content. J'espère qu'il en sera de même de toi et de toute notre famille.

Il écrivit en même temps à M. Drach une lettre dont je copie les deux passages suivans (voy. p. dép. n° 10)

« N. T. S. P. qui depuis que je suis à Rome n'a cessé de me combler de ses bontés, m'a fait inviter de rester quelque temps ici, afin de m'instruire plus profondément dans la connaissance de notre sainte religion, invitation que je me sens maintenant très disposé à accepter surtout me disposant à vivre en bon catholique, la situation politique actuelle de la France (84) n'a rien d'attrayant pour moi.

« Je me porte très-bien, je remplis mes devoirs religieux strictement et avec joie, et je prie notre Sauveur de me permettre que par la suite je puisse faire quelque bien à mes anciens co-religionnaires. Votre frère et ami en N. S.

N. B. (85) Depuis quelques jours j'ai commencé à traduire avec l'assistance du R. P. Ventura un ouvrage du célèbre orientaliste chevalier de Rossi de Parme, quand il sera terminé j'aurai l'honneur de le présenter au Saint-Père, ensuite je vous l'enverrai à Paris, et s'il obtient l'assentiment de Monseigneur de Paris, nous aviserons aux moyens de le faire imprimer, car je pense que c'est un ouvrage qui pourra faire beaucoup de bien à nos anciens co-religionnaires, il a pour titre : *Della vana aspettazione degli Ebrei del loro Re Messia.* »

Le 13 du même mois en faisant part à M. Drach de sa présentation au Pape, il dit : (voy. pièces dép. n° 11.)

« *Après le jour de mon baptême*, c'est le plus beau jour que j'aie passé dans ma vie. »

Le 23 mai suivant, il écrivit au même (pièces dép. n° 14.)

« Je vous conjure au nom de la *très sainte religion que nous avons le bonheur de professer tous deux maintenant* de me répondre *courier* par *courier* au reçu de la présente, car je suis très inquiet. »

« Je me trouve fort content à Rome, je *me* mène une vie de religieux, et je m'en trouve bien. Grand Dieu, comme la religion change l'homme ! Moi dans un couvent et m'en trouver heureux et satisfait ! c'est plus qu'un miracle!!! que N. S. en soit loué. Votre frère en N. S. J. C. Hyacinthe Deutz. »

Dans la lettre du même au même en date du premier juin 1828 (voy. p. déposées n° 15,) je trouve le passage suivant :

« Rome etc. Mon cher frère, je recommande bien particulièrement à votre sollicitude, M. Ferdinand Carr qui se trouve en ce moment à Paris, juif de naissance comme nous *il a eu le bonheur de connaître la vérité et de l'embrasser avec une foi sincère*. Votre frère et ami en J. C. Hyac. Deutz. »

§ II.

Il y avait alors QUATRE MOIS que Deutz, animé d'une foi ardente, ainsi qu'on a pu juger par les passages de ses lettres que je viens de transcrire, menait une vie chrétienne, une vie de religieux. Mais, hélas ! comme le premier judas, *il n'est point demeuré dans la vérité* (86).

Il avait une pension mensuelle de 25 piastres (Fr. 136. 25.) sur le fond des aumônes de la propagande. En outre, il avait le logement libre ; et, écornifleur déterminé comme il est, (87) il ne faisait pas de grandes dépenses dans les restaurans. Cette vie commode, jointe à un désœuvrement complet, excita les violentes passions de notre jeune homme, passions comprimées depuis sa conversion plutôt que combattues, et elles se firent jour avec une grande impétuosité : *Qua data porta ruunt*. Son cœur fut changé : le démon qui avait quitté la place, y rentra avec ses sept compagnons (S. Matth. 12.) Dès ce moment la catholicité de Deutz devint plus qu'équivoque aux yeux de bien des personnes. Il s'était lié avec de jeunes artistes français dont il y a toujours un certain nombre à Rome. Ces jeunes gens ne sont pas, pour la plupart des modèles de piété, et encore moins de modestie. Cependant ses nouveaux *camarades* se scandalisaient eux-mêmes de ses propos téméraires sur la religion, et de la licence de ses discours. Ils sentaient sans doute combien était déplacée une pareille conduite de la part d'un *transfuge d'une religion à une autre*, de la part d'un homme qui, comme *converti*, recevait une pension à titre d'aumône.

Logé d'abord au collège du couvent des SS. Apôtres, il avait été accueilli par la sainte communauté avec une charité empressée, et les pieux religieux continuèrent à lui donner toutes sortes de marques d'attention. Le lâche eut l'ingratitude de déserter par calcul cette sainte maison, pour s'établir ailleurs : premier pas dans la voie de l'ingratitude. Mais il manqua son but.

Des plaintes nombreuses parvinrent à Paris à M. Drach, sur le relâchement de son beau-frère, et sur l'incertitude de sa persévérance. M. Drach lui écrivit plusieurs fois pour lui donner des avis paternels; mais on a beau prêcher qui n'a cure de bien faire.

La plupart de ses protecteurs l'abandonnèrent l'un après l'autre.

C'est aussi vers cette époque que le judaïsme, c'est-à-dire, l'*esprit juif* qui forme un corps compacte de la nation ennemie de la société chrétienne, le judaïsme, dis-je, qui n'avait été qu'assoupi dans le cœur du néophyte, se réveilla ; et il se mit en tête de solliciter l'émancipation politique des Juifs de l'état pontifical. Démarche extravagante s'il en fut jamais, comme on verra plus bas! Il visitait ses anciens co-réligionnaires dans le quartier qu'ils habitent, et même ne se gênait pas d'aller à leur synagogue, ce qui est expressément défendu aux néophytes, et de suivre publiquement leurs convois. Tout cela donnait une fort mauvaise opinion de la persévérance de Deutz. C'est à quoi se rapporte ce passage de la préface que M. Drach a mise en tête de sa *Troisième lettre d'un rabbin converti* : « Hélas! celui des nouveaux convertis qui devait le plus me consoler est devenu un objet de compassion! il n'a *marché devant Jéhova*, (Gen. 17.) que d'un pas chancelant, et il *n'était pas parfait* (Ibid). Ses affections étaient restées à la perfide Agar (Gal. 4.(et il a enfin épousé l'*impure égyptienne*. (Gen. 21) (88).

Deutz avançait ainsi au pas de course vers sa perte. Son ambition grandissait démesurément, et son aveuglement devint tel qu'il ne voyait plus aucun obstacle à ses désirs. Il s'imaginait qu'on ne pouvait, qu'on ne devait rien lui refuser, parce qu'il avait eu la bonté de se laisser baptiser.

Il y a à Rome une imprimerie qui est celle de la *Chambre apostolique*, où s'impriment tous les actes, tous les documens, tant secrets que publics, du gouvernement et des diverses congrégations. On juge bien qu'à la tête de cet établissement qui est immense, il faut un homme d'une discrétion éprouvée, qui possède des connaissances variées, et qui surtout soit bon administrateur. Deutz qui, certes, ne remplit aucune de ces conditions, s'imaginait que, parce qu'il avait été singe (89) dans deux ateliers, pendant quelques semaines dans chacun, il pouvait prétendre à cette place importante, et il eut la hardiesse de la solliciter! Un *néant à la requête* vint rabattre la ridicule présomption du postulant. Notre homme s'emporta de ce refus, comme si on lui avait fait une injustice, et il *menaça* de quitter Rome, disant qu'il avait assez long-temps vécu d'aumônes. (90) Rome a beaucoup fait pour Deutz qui n'a rien fait pour Rome. Par contre, Deutz, à ce qu'il assure, a beaucoup fait pour M. Thiers, qui, l'ingrat qu'il est! n'a rien fait pour Deutz. Que celui-ci aille demander au ministre qui lui a tant d'obligations, le petit service de le nommer directeur en chef de l'*imprimerie royale*. Son Excellence ne manquerait pas de l'envoyer préventivement à Charenton, et d'ordonner chez lui une bonne *visite domiciliaire* pour saisir les preuves de sa folie, car notre bon M. Thiers est *libéral...* en arrestations préventives et en visites domiciliaires.

On ne fit *rien* à Rome pour retenir Simon, il s'en

faut (91). Bien au contraire, une grande partie des principaux personnages de Rome, comme aussi plusieurs des administrateurs supérieurs de la propagande, apprirent avec satisfaction son prochain départ. Il fut même question de lui retirer sa pension, laquelle ne lui avait été accordée que temporairement pour *achever son instruction religieuse*. Il avait annoncé, comme on a vu plus haut, page 48, qu'il s'en retournait à Paris après son baptême; et il y avait déjà trois ans qu'il continuait de rester à Rome, ne *s'occupant qu'à s'amuser*. Les fonds de la propagande ont une autre destination que celle d'alimenter un fainéant, un individu dont la conduite pouvait faire craindre que cet argent de J.-C. ne reçut un emploi coupable.

Simon qui, dans son libelle, *ne s'adresse pas au présent, mais à l'avenir, au biographe, mais à l'historien* (pamph. p. 5.), n'a eu garde de révéler à l'*avenir* et au *biographe*, les véritables raisons, au nombre de deux, qui l'ont déterminé à quitter Rome. Qu'il me permette de suppléer à sa réticence.

Léon XII, d'heureuse mémoire, avait pris en affection le nouveau converti qui, dans le commencement, donnait des marques d'une solide piété. Quoique par la suite ce pape eût des rapports défavorables sur Deutz, il continuait cependant à le traiter avec une extrême bienveillance, espérant sans doute de ramener ainsi dans la bonne voie ce jeune imprudent. Celui-ci allait toujours de mal en pis; cependant le magnanime pontife lui conserva ses bonnes grâces jusqu'à la fin de sa glorieuse et sainte carrière. C'est le propre des grandes âmes de ne pas varier facilement dans leurs affections. Il n'en fut pas de même quand Pie VIII occupait le trône de saint Pierre. Dans la *seule* audience qu'il obtint de ce pape, il fut reçu avec une dignité froide, et congédié si promptement, qu'il perdit toute envie d'y revenir. Il est probable d'ailleurs qu'on ne lui aurait pas accordé cet honneur une seconde fois s'il l'avait demandé. Deutz se sentait profondément blessé, et peu disposé qu'il était à supporter la moindre humiliation, ou ce qu'il regardait comme tel; il résolut dès-lors de faire ses paquets.

Il est bon d'apprendre aussi à l'*avenir* et au *biographe* que Deutz laissa Rome qui pendant plusieurs années l'avait si généreusement traité, et lui mit enfin un riche viatique dans la main, Deutz, dis-je, laissa Rome sans faire un pas pour prendre congé du souverain pontife, afin de le remercier et d'obtenir la bénédiction apostolique dont probablement il ne se souciait plus.

Ce qu'il y a de plus saillant dans la vie de cet être dégradé, ce sont ses divers traits d'ingratitude, un froid oubli des bienfaits. Léon XII l'avait comblé de témoignages d'intérêt. A la fin de la dernière cérémonie des obsèques de ce pape, il dit à un religieux en la compagnie duquel il se trouvait: *Enfoncé encore celui-ci!* et il accompagna ce propos si déplacé d'un rire qui fit éprouver au religieux un saisissement d'horreur.

L'autre circonstance qui fit partir Deutz de Rome, est la suivante. Il s'était épris d'une sotte passion pour une jeune fille de la classe du peuple, Elisa S..., et il la rechercha en mariage. Privé de fortune, n'ayant point d'emploi et incapable d'en remplir un, il offrit de la prendre sans dot. C'eût été un beau ménage que celui-là. Mais il ne trouva pas le chemin du cœur de la cruelle Elisa qui restait insensible même à ses libéralités, quoi qu'il lui donnât jusqu'à des doubles louis d'or. Les parens, de leur côté, bien que pauvres, refusèrent de s'allier à un néophyte. (92) Quand on a le front de Deutz, on ne se rebute pas du premier coup. Il continuait donc de fréquenter la famille S..., faisant de temps à autre à la dame de ses pensées des offrandes en espèces, et par-dessus le marché, lui enseignant le français que personne ne lui avait enseigné à lui-même.

Or, il faut que vous sachiez que la jouvencelle traînait à sa suite encore d'autres prétendans. C'était la répétition de la fameuse caricature représentant des galans à face de chien courant après une belle à face de chienne. Notre galant à nous, eut le sort du barbet de la caricature : son voisin le plus proche dans cette poursuite amoureuse, lui lança un fier coup de coude, et lui montra les dents. Pour le coup, notre brave qui fait tant le rodomont sur le papier (93), ne se fit pas répéter le compliment, et se retira de la partie sans demander son reste. Il tremblait sans cesse, surtout la nuit, d'être atteint par un stylet jaloux, et il ne pouvait plus respirer à son aise que loin de Rome. Son départ étant résolu, ses vues se fixèrent sur l'Amérique, grand rendez-vous des aventuriers de l'ancien monde.

Avant de se mettre en route, le fier Simon qui protestait bien haut ne vouloir plus vivre d'aumône, pria son confesseur d'aller exposer à un chef de la propagande la misère où il se trouvait (94) à la veille d'un si long voyage. Le charitable prêtre alla mendier au nom de son pénitent, un secours, et l'établissement trop généreux lui accorda un viatique de 300 piastres. Deutz avait également frappé à la porte de M. Drach, sans doute pour n'en pas perdre l'habitude; mais celui-ci ne répondit pas à l'appel. Il ne pouvait se persuader que Deutz fût dans le besoin, et il était contraire à son départ de Rome : un pressentiment lui disait que loin de la ville sainte, son beaufrère devait perdre le peu de religion qui lui restait.

Le voyage d'Amérique ne répondit pas aux espérances du chercheur de fortune. Habitué à user, ou plutôt *abuser* largement de la charité chrétienne, il ne se refusait rien dans un pays où tout est excessivement cher, et il ne tarda pas à être à bout de ses 300 piastres. Mais il avait compté sans son hôte : il se cassa le nez contre l'égoïsme du pluriforme protestantisme des républicains du nouveau-monde. Bien lui prit d'y trouver des hommes de la sainte société, laquelle, à l'exemple du divin maître dont elle porte le nom, *laisse sur son passage, en tous lieux, des traces de ses bienfaits* (Act. x. 44).

Il écrivit de Boston à M. Drach le 26 mars 1831 (p. dép. n° 16.)

« A.M.D.G. (95) Mon cher frère et ami, je ne veux pas vous ennuyer par le *long détail* de mes souffrances depuis mon arrivée en Amérique, ce que je dois vous dire cependant, c'est que si j'ai jamais eu un peu d'imagination je l'ai perdue totalement ; mes maux physiques et ma position vraiment *embarrassante* m'empêchent de penser à autre chose qu'à *me* procurer quelques soulagemens à mes misères.

« Les jésuites de Georgetown *m'avaient* offert généreusement de demeurer parmi eux autant que je le voudrais, pour enseigner le français à leurs élèves, mais je les ai *remercié* de leur bonté parceque j'aimerai mieux être moins bien et plus libre, cependant sans eux je ne sais ce que je *serai* devenu.

« Ne me laissez pas dans le bourbier où j'ai été m'enfoncer volontairement. Que D..... ai-je été faire dans cette galère. »

Bien que cette lettre commence par *A. M.D. G.* Et finisse par ces mots : *croyez à mon amitié in Xto* (96), elle renferme cependant trois passages qui annonçaient que la foi religieuse de Deutz était en agonie. Il combattait encore mais faiblement. Les voici.

1.° « J'ai écrit plusieurs fois à S.E. Capellaris, lui demandant soit les fonds nécessaires pour établir une imprimerie catholique, car ici on tire journellement *les* pauvres papistes à boulets rouges, soit une commission officielle d'aller rejoindre Mgr. Ostini au *Brésil* (97), si *aucune* de ces deux demandes *ne m'étaient accordées*, je m'en retournerai en France... » Cela veut dire : je retournerai chez le rabbin Deutz, mon père, qui ne manquera pas de me faire apostasier avant de me donner à manger.

2°. « J'ai reçu une lettre de mon père. »

Si son père lui écrivait, il avait certainement l'espérance de le replonger dans le judaïsme.

3°. « Que mes bons amis prient pour moi, car je suis BIEN TOURMENTÉ. » Ceci est assez clair de soi-même, et n'a pas besoin de commentaire.

Le 18 juin suivant il adressa une autre lettre à

M. Drach également datée de Boston (voy. p. dép. n° 17.)

« Je n'ai rien de nouveau à vous mander, écrivit-il, si ce n'est que d'ici à peu de jours je pars pour le Canada, où j'espère trouver une occupation quelconque, car pour ici, malgré les efforts de mes amis, et surtout de l'évêque (98) je n'ai pu trouver aucun emploi, ma position sous tous les rapports est toujours la même ; je suis toujours très-faible et attaqué de surdité, *qui provient, je pense, de l'état déplorable dans lequel se trouve mon estomac,* mais j'espère, s'il plaît à Dieu, que l'exercice me *débarassera* de mes maladies. Quoique j'entende et parle assez bien l'anglais, cependant je serai mieux au Canada où l'on parle français, et où toutes les manières sont françaises. »

En marge il ajouta dans le jargon hébréo-germain :

«Je n'ai pas en mon pouvoir la valeur d'une obole. »

Son rapprochement avec son père faisait des progrès à mesure que sa catholicité s'en allait. On en peut juger par les deux passages suivans, extraits de la même lettre :

1°. « J'ai beaucoup souffert depuis que je suis aux Etats-Unis, et si la Providence ne vient à mon secours, JE NE SAIS COMMENT CELA TOURNERA. » Entendez-vous ?

2°. « Mon père m'écrit régulièrement. »

Le véritable motif pour lequel Deutz est allé au Canada, c'est qu'il y avait là des catholiques, et il savait par expérience que les catholiques se laissent rançonner par les mendians comme lui plus facilement que les protestans. En effet, il y fit en différens lieux une *fort bonne récolte d'aumônes.* Il vivait bien, et sa bourse que les citoyens protestans des Etats-Unis avaient laissée s'aplatir, s'arrondissait passablement. C'est surtout à Montréal qu'il fit un bon coup de filet. Il alla trouver les sulpiciens français établis dans cette ville. Après s'être bien repu chez eux pendant quelque temps, il leur répéta sa chanson accoutumée : qu'il *était sans argent.* Il les pria de lui donner de quoi retourner en Europe.

Deutz a eu toujours un goût particulier pour les *viatiques.* Il a mendié un *viatique* à la propagande, un autre *viatique* aux sulpiciens, un autre *viatique* aux dames de Bourmont, un autre *viatique* à M. Drach, un autre *viatique* dans une maison de Paris, un autre *viatique* à Turin, un autre *viatique* à Modène.. Ouf! je n'en puis plus, car il en a mendié encore bien d'autres ; et le seul argent qu'il avoue avoir reçu de MADAME, c'est encore un VIATIQUE ! « Je dois reconnaître cependant, dit-il p. 63 de son libelle, qu'une seule fois, comme *frais de voyage*, j'ai touché par ordre du ministre, à la caisse de M. Jauge, cinq cents francs, dont j'ai donné quittance » (99).

Les charitables sulpiciens lui firent une aumône qu'il n'aurait certainement pas obtenue du plus riche évêque anglican : *quinze cents livres.*

Arrivé à Londres, le vilain mendiant s'empressa d'aller à la recherche des royalistes qui s'y trouvaient. Il s'annonçait comme ardent partisan de la royauté de Henri V, et alors il l'était en effet; et comme fervent catholique, et alors il ne l'était plus. Cela va sans dire qu'il leur représentait qu'on ne devait pas laisser dans *le dénuement où il se trouvait* un homme aussi *bien pensant que lui.* Et chacun lui jetait son aumône. Il avait même la hardiesse de dire que le pape l'attendait impatiemment à Rome, tandis que le contraire était seul vrai, comme on verra plus bas.

C'est dans ces circonstances que le marquis Eug. de Montmorency, frère de son parrain, lui dit que puisqu'il se rendait à Rome, il pouvait faire ce voyage avec la maréchale et mesdemoiselles de Bourmont; que ces dames allant seules en Italie, devaient être bien aises de voyager en sa compagnie. Simon est trop vil pour sentir tout ce qu'il y aurait eu d'honorable et de flatteur pour lui d'être dans cette circonstance le chevalier de l'épouse et des filles du vainqueur d'Alger. Il (100) eut la bassesse de mettre pour condition que la maréchale le *défraierait pendant la route!* Et il suivit la noble famille comme *homme à gages*. Huit jours avant le départ, il s'établit sans façon, comme pensionnaire, chez la comtesse de Bourmont, sous prétexte qu'il ne restait plus à Londres que pour elle ; et pendant toute la route, il se faisait servir dans les hôtels dès son arrivée, en attendant le repas, toutes les friandises dont il s'avisait, bien entendu aux frais de la maréchale dont il ne s'occupait pas le moins du monde à moins qu'elle ne lui *commandât*, ce qu'elle ne faisait qu'à la dernière extrémité. De cette sorte il n'était qu'un grand embarras, bien loin d'être utile.

Ce n'est qu'à Cologne (101) qu'il annonça à M. Drach en date du 2 décembre 1831 (Voyez p. dep. n. 18) son retour en Europe, et sa prochaine arrivée à Rome. « Mon cher frère et ami, me voilà *une autre fois* dans la vieille Europe, grâces à Dieu.. A Londres où j'ai trouvé M. le Marquis Eugène de Montmorency, j'ai fait la connaissance de madame la maréchale de Bourmont, et j'ai *accepté* de l'accompagner jusqu'en Italie par le Rhin, voyage bien désagréable dans cette saison... la Sainte-Vierge en qui elle a grande confiance nous protègera, je l'espère, dans notre voyage. »

Il devait accompagner les dames de Bourmont jusqu'à Gênes ; mais pressées de se débarrasser de leur incommode compagnon de voyage, qui devenait de plus en plus insupportable, elles le *con-*

gédièrent à Berne en Suisse. Dès le premier moment la mine de Deutz (102) déplut à la maréchale, et ses manières si communes justifiaient toujours davantage cette première impression. Il mit lui-même le comble de l'humiliation à son honteux renvoi, en demandant à la noble dame une aumône à l'effet de pouvoir continuer son voyage jusqu'à Gênes. Tout en tendant la main, il lui fit entendre que selon ce qui avait été *stipulé* elle devait le défrayer jusque-là. On lui jeta avec mépris de quoi continuer son voyage. Cela n'empêcha pas notre homme d'aller trouver les âmes charitables du pays, et de leur représenter que « dans le *dénuement* (terme sacramentel de notre mendiant) où il se trouvait, et abandonné au milieu de la route par les dames de Bourmont, il ne savait comment faire pour aller jusqu'à Rome, où il était attendu impatiemment, etc. » Oh ! C'est bien là son style. Son histoire n'est qu'un enchaînement dégoûtant de bassesses et de traits de lâcheté pour attraper de l'argent, soit à titre d'aumône, ou par d'autres moyens honnêtes (103).

Sans se déconcerter Deutz annonça son renvoi à M. Drach dans les termes suivans : (Voir p. dép. n. 19).

Genève, 29 décembre, 1831.

Mon cher frère,

« Comme je vous l'ai mandé de *Londres* (104), je devais accompagner madame de Bourmont jusqu'à Gênes, mais des contre-ordres sont arrivés à ce sujet à Berne en Suisse, je laisserai donc cette noble dame ici et me rendrai à Gênes où je compte trouver M. le duc de Bourmont son époux. »

Ce qu'il me reste à dire de l'histoire de Deutz jusqu'au moment où il *se fit* diplomate, se trouvera dans l'examen que nous allons faire de quelques unes de ses assertions mensongères qui ont rapport à la période qu'embrasse le présent chapitre.

§ III.

RÉFUTATION DE PLUSIEURS MENSONGES DE DEUTZ.

1. « En 1827, un vif désir de connaître les mystères du christianisme, « l'organisation et l'institut des jésuites, *peut-être* aussi l'espoir de me venger d'un misérable qui avait trahi la tendresse de ma sœur, me conduisirent à Rome. » (libelle p. 7.)

Il y aurait un volume d'observations à faire sur ce peu de lignes. Bornons nous aux suivantes.

Quiconque jette les yeux sur les passages que j'ai extraits plus haut (pages 88, 89, 92, 93, 94 et suiv.) des lettres de Deutz, ne peut conserver le moindre doute sur sa véritable et sincère conversion à l'époque de son catéchuménat et de son baptême. Si, comme nous l'avons déjà dit, *il n'a pas long-temps persévéré dans la vérité*, il continuait cependant à professer le catholicisme, quoique son refroidissement se trahît souvent par ses discours et sa conduite. A Nantes encore où le misérable Judas *donna un signe aux agens de la police* (105), il affectait la dévotion, et ne jeta le masque de l'hypocrisie que lorsqu'il eut consommé son crime. De cette manière, il rendit à notre sainte religion un hommage éclatant. Il sentit que l'attentat dont il venait de se rendre coupable, ne s'accordait pas avec les principes du christianisme, et il retourna, autant que cela dépendait de lui (106), au judaïsme qui ne comdamne pas plus le Judas du 16. siècle que celui du premier siècle. Et le rabbin, son père, et ses autres parens juifs, et un grand nombre d'autres juifs lui ouvrirent les bras avec de grandes démonstrations de joie (107). On lui demanda pour premier gage de cette horrible réconciliation de désavouer son baptême; et il le fit, le malheureux! Mais qu'il ne s'y trompe pas : le baptême n'est pas une chose qu'on prend et qu'on rejette à volonté. Aucune puissance, aucune autorité ne l'en peut *débarrasser*. Il tient à sa personne comme la tunique fatale de Nessus. Ce sacrement sera son éternelle confusion dans l'autre vie, s'il ne revient pas à résipiscence; et pour toute la vie présente, il lui a imprimé, aux yeux des juifs une *tache ineffaçable*, aux yeux des chrétiens un *caractère indélé-*

bile. Ainsi, des deux cotés on lui crie anathême, quoique avec des effets différens.

Qu'il revienne donc se jeter aux pieds de l'Eglise, et tout rentrera dans l'ordre pour lui. Cette mère si tendre tient à part, si j'ose m'exprimer ainsi, un trésor particulier de miséricordes pour le repentir de ses enfans égarés. Ah! si je rencontrais Simon, je me jetterais à son cou, et le conjurerais au nom de notre ancienne amitié, d'avoir pitié de lui-même; et, comme l'épouse du cantique (Ch. 3. 4.) *je l'arrêterais, et je ne le laisserais point aller que je ne l'eusse fait entrer dans la maison de ma mère, et dans la chambre de celle qui m'a donné le jour.*

Maintenant voyons par quels moyens il s'efforce de rejeter son baptême. Selon son pamphlet, il ne se serait pas fait chrétien pour *tout de bon*. Trois motifs l'auraient porté a demander le baptême: deux de *curiosité*, et un de *vengeance*, ainsi qu'on vient de voir. Examinons chacun de ces motifs séparément.

1. Motif. *Un vif désir de connaître les mystères du christianisme.*

Deutz prend ses lecteurs pour des enfans. A qui espère-t-il de persuader que c'est pour satisfaire une vaine curiosité qu'il est allé jusqu'à Rome, qu'il s'y est soumis à toutes les épreuves du catéchuménat, qu'il a reçu enfin le baptême, que durant quatre mois pour le moins, il menait une vie chrétienne dans toute son austérité, qu'il ne craignait pas de scandaliser la synagogue, que de gaîté de cœur il devint la cause du désespoir et de l'infamie (108) de son vieux père et de tous les membres juifs de sa famille ? Il aurait pu rester tranquillement à Paris, s'épargner tous ces tracas, toutes ces peines, toutes ces angoisses, au moyen de la dépense d'un catéchisme de *deux sols*. D'ailleurs, pour le préparer au baptême on a dû nécessairement l'instruire des mystères qu'il avait un si vif *désir de connaître*. Une fois instruit, sa curiosité était satisfaite : Qu'avait il besoin après cela de recevoir les sacremens?

2. Motif. *Un vif désir de connaître.. l'organisation et l'institut des jésuites.*

On a beaucoup écrit pour et contre les jésuites. Voilà une des plus belles apologies de leur saint institut; et celui qui la présente, n'en avait pas l'intention, je vous assure. Deutz qui répand sur tout ce qu'il y a de plus sacré, de plus respectable, et jusque sur son propre sang, le poison de ses odieuses et ingrates calomnies, n'a pas trouvé le moindre petit mot à jeter aux jésuites. Ce n'est pas faute d'avoir pleinement satisfait *son vif désir de connaître leur organisation et leur insitut*. On peut dire que presque depuis son baptême jusqu'à son apostasie, il a vécu au milieu d'eux, logé et nourri dans leur maison. C'est au contraire parce qu'il les a vus de si près qu'il recule devant la pensée de les calomnier. Comment attaquer la réputation de cette *congrégation de saints* quand on a été long-temps témoin de leur intérieur si édifiant ? Je suis persuadé que si tous ceux qui ont dit du mal des jésuites avaient vécu dans leur intimité comme Simon, ils auraient été comme lui réduits au silence.

3me, motif. *Peut-être aussi l'espoir de me venger d'un misérable qui avait trahi la tendresse de ma sœur.*

Deutz fait bien de dire *peut-être*, car la chose ne paraît pas très claire. Il entend parler de M. Drach. Or celui-ci était à Paris. Et Deutz part de cette ville, et va à *Rome* pour exercer sur lui des actes de vengeances ! Mais acceptons pour un moment cette mauvaise raison, faisant abstraction de son absurdité, de son impossibilité. Comment, seigneur Deutz, vous roulez dans votre esprit des projets de vengeance contre votre beau-frère dans le temps même où vous recourez à son bon cœur, dans le temps même où il se dépouille pour vous vêtir, où il se saigne pour vous *désembourber* (109) et pour vous donner de quoi voyager (110)? Vous voulez vous venger de lui pour avoir *trahi la tendresse de votre sœur*, dans le temps même où vous le remerciez *d'avoir bien voulu épouser votre sœur* (111)? dans le temps même où vous vous félicitiez de cette alliance (112) ? Ce n'est pas bien ça, convenez-en.

2°. Deutz fait une description piteuse et d'un comique larmoyant de *l'oppression sous laquelle gémissent les juifs de Rome.* Il a voulu être le Moïse qui devait les tirer de cette nouvelle Egypte : il se trémoussait beaucoup. Mais ces enfans d'Israël rirent au nez de leur prétendu libérateur, et Rome, pour toute réponse, lui jeta avec dignité un regard de mépris. On pensera bien que les mensonges, et par suite les contradictions, ne manquent pas dans le récit que Deutz fait de cette affaire. Et d'abord lorsqu'il commanda à son avocat cette sortie contre Rome sa bienfaitrice, il ne pensait plus qu'il avait écrit à son père, le rabbin, à la date du 5 février 1828, une lettre dans laquelle il faisait l'éloge de la tolérance de Rome, *particulièrement envers les juifs.* Voici ses propres paroles (*Voy.* p. dép. n° 13)

« Cher père, tu ne saurais t'imaginer la tolé-
« rance du gouvernement d'ici particulièrement
« envers les juifs. Tels sont aussi les sentimens du
« Pape Léon XII (que Dieu exalte sa gloire), du
« cardinal secrétaire d'état della Somaglia, du
« grand inquisiteur, et de toutes les autorités
« d'ici avec lesquelles j'ai souvent l'honneur de
« m'entretenir. »

Mais Deutz se contredit dans son pamphlet. Il dit (page 8) : « Pie VII rendu à la chaire pontificale avait restreint les franchises accordées aux juifs. *Léon XII son successeur, s'était montré encore moins favorable aux juifs* ». Et à la **page** 9 qui est en regard, il dit : « Cet état de misère et de servitude m'émut vivement ; ma position me permettait de croire, sans trop de présomption que je pourrais y apporter quelque adoucissant... Je m'adressais directement au saint père (Léon XII) ; *il m'écouta avec bienveillance,* ENCOURAGEA MES PROJETS, et m'engagea à lui présenter un rapport écrit sur la situation morale et civile des Israélites de Rome. » Et ce pape qui *vous* ENCOURAGEA *dans vos projets de délivrer les juifs de leur état de servitude* était moins favorable aux juifs que son predécesseur que vous représentez comme leur oppresseur ? Allez donc !

Deutz cite aussi une lettre de M. Borély qui l'encourageait dans ses démarches (*Voy*. pamph. p. 11.) Je respecte le caractère dont est revêtu ce magistrat que je n'ai pas l'honneur de connaître ; mais Deutz n'a certes pas le droit de l'invoquer comme une autorité. A Rome il représentait M. Borély, qui y était venu de son temps, comme un homme qui cherchait aventure, ne sachant que devenir. Deutz qui, lui aussi alors, cherchait aventure et méditait son départ, lui dit un jour en plaisantant : « Dites-moi où j'irai me faire pendre ? » « Dites-moi vous même lui répondit (selon Deutz) le procureur-général actuel de la cour royale d'Aix, dites-moi vous-même, où j'irai me faire pendre, moi? » Plusieurs personnes à Rome attestent que Deutz leur a répété ce singulier dialogue.

De tout temps les juifs ont reconnu avec gratitude que, dans les diverses vicissitudes de leur nation, ils ont trouvé constamment refuge et protection auprès des papes et des évêques. Il faut leur rendre la justice qu'ils profitèrent de leur sinode convoqué par Napoléon, pour rendre par un arrêté solennel des actions de grâces publiques aux souverains Pontifes et aux évêques. Cet acte peu connu, et qui mérite d'être recueilli par l'histoire, est déposé aux archives du ministère des cultes...

Voici le texe de cette pièce importante qui se trouve transcrite en entier dans le procès-verbal de la séance du 5 février 1807. (113)

« Les députés de l'empire de France et du royaume d'Italie au sinode hébraïque, décrété le 30 mai dernier, pénétrés de gratitudes pour les bienfaits successifs du clergé chrétien, dans les siècles pasćss, en faveur des Israélites des divers états de l'Europe ;

« Pleins de reconnaissance pour l'accueil que divers pontifes (papes) et plusieurs autres ecclésiastiques ont fait dans différens temps aux Israélites de divers pays, alors que la barbarie, les préjugés et l'ignorance réunis, persécutaient et expulsaient les Juifs du sein des sociétés.

« Arrêtent que l'expression de ces sentimens sera consignée dans le procès-verbal de ce jour, pour qu'elle demeure à jamais comme un témoignage authentique de la gratitude des Israélites de cette assemblée pour les bienfaits que les générations qui les ont précédés ont reçus des ecclésiastiques de divers pays de l'Europe ;

« Arrêtent, en outre, que copie de ce procès-verbal sera envoyée à son excellence le ministre des cultes. »

Cet arrêté fut adopté à la suite d'un discours fort remarquable de M. Avigdor (Isaac-Samuel) député des Alpes-Maritimes, dont j'extrais le passage suivant :

« Les plus célèbres moralistes chrétiens ont défendu les persécutions, professé la tolérance, et prêché la charité fraternelle.

« Saint Athanase, livre Ier, dit : » C'est une exécrable hérésie de vouloir tirer par la force, par les coups, par les emprisonnemens, ceux qu'on n'a pu convaincre par la raison. »

« Rien n'est plus contraire à la religion, dit saint Justin, martyr, livre V, que la contrainte. »

« Persécuterons-nous, dit saint Augustin, ceux que Dieu tolère ? »

« Lactance, livre III, dit à ce sujet : » La religion forcée n'est plus religion ; il faut persuader et non contraindre ; la religion ne se commande point.

« Saint Bernard dit : Conseillez et ne forcez pas.

« Ainsi, puisque la morale chrétienne enseigne partout l'amour du prochain et la fraternité, l'ignorance et un préjugé d'habitude ont pu seuls donner lieu aux vexations et persécutions dont vous avez été souvent les victimes. Cela est si vrai que ces vertus *sublimes* d'humanité et de justice ont été fréquemment mises en pratique par les chrétiens vraiment instruits et surtout par les dignes ministres de cette morale pure qui calme les passions et insinue les vertus.

« C'est par suite de ces principes sacrés de morale que dans différens temps; les PONTIFES ROMAINS ONT PROTÉGÉ ET ACCUEILLI DANS LEURS ÉTATS *les Juifs persécutés et expulsés de diverses parties de l'Europe*, et que les éclésiastiques de tous les pays les ont souvent défendus dans plusieurs états de cette partie du monde.

« Vers le milieu du VIIe siècle, saint Grégoire défendit les Juifs, et les protegea dans tout le monde chrétien.

« Au Xe siècle, les évêques d'Espagne opposèrent la plus grande énergie au peuple qui voulait les massacrer. Le pontife Alexandre II écrivit à ces évêques une lettre pleine de félicitations, pour la conduite sage qu'ils avaient tenue à ce sujet.

« Dans le XIe siècle, les juifs, en très-grand

nombre, dans les diocèses d'Usès et de Clermont, furent puissamment protégés par les évêques.

« Saint Bernard les défendit dans le XII° siècle de la fureur des croisés.

« Innocent II, et Alexandre III les protégèrent également.

« Dans le XIII° siècle, Grégoire IX les préserva, tant en Angleterre qu'en France et en Espagne, des grands malheurs dont on les menaçait : il défendit sous peine d'excommunication, de contraindre leur conscience et de troubler leurs fêtes.

« Clément V fit plus que les protéger ; il leur facilita encore les moyens d'instruction.

« Clément VI leur accorda un asile à Avignon, alors qu'on les persécutait dans tout le reste de l'Europe.

« Vers le milieu du même siècle, l'évêque de Spire empêcha la libération que les débiteurs des Juifs réclamaient de force, sous prétexte d'usure si souvent renouvelé.

« Dans les siècles suivans, Nicolas II écrivit à l'inquisition pour l'empêcher de contraindre les juifs à embrasser le christianisme.

« Clément XIII calma l'inquiétude des pères de famille alarmés sur le sort de leurs enfans, qu'on arrachait souvent du sein de leurs propres mères.

« Il serait facile de citer une infinité d'autres

actions charitables dont les Israélites ont été, à diverses époques, l'objet de la part des éclésiastiques instruits des devoirs des hommes et de ceux de leur religion.

« Le vif sentiment d'humanité seul, a pu donner dans tous les siècles passés d'ignorance et de barbarie, le courage qu'il fallait pour défendre des hommes malheureux, barbarement abandonnés à la merci de l'horrible hypocrisie et de la féroce superstition.

« Ces hommes vertueux ne pouvaient pourtant, tout au plus, espérer de leur courage philantropique, que cette douce satisfaction intérieure que les œuvres de charité fraternelle font éprouver aux cœurs purs.

« Le peuple d'Israël, toujours malheureux, et presque toujours opprimé, n'a jamais eu le moyen ni l'occasion de manifester sa reconnaissance pour tant de bienfaits; reconnaissance d'autant plus douce à témoigner, qu'il la doit à des hommes désintéressés et doublement respectables.

« Depuis dix-huit siècles, la circonstance où nous nous trouvons est la seule qui se soit présentée pour faire connaître les sentimens dont nos cœurs sont pénétrés.

« Cette grande et heureuse circonstance que nous devons à notre auguste et immortel empereur, est aussi la plus convenable, la plus belle, comme la plus glorieuse, pour exprimer aux philantropes de tous les pays, et notamment aux ecclésiastiques, notre entière gratitude envers eux et envers leurs prédécesseurs.

« Empressons-nous donc, messieurs, de profiter de cette époque mémorable, et payons-leur ce juste tribut de reconnaissance que nous leur devons; faisons retentir dans cette enceinte l'expression de toute notre gratitude: témoignons leur AVEC SOLENNITÉ nos sincères remercimens pour les bienfaits successifs dont ils ont comblé les générations qui nous ont précédés. »

Le procès-verbal termine ainsi:« L'assemblée a applaudi au discours de M. Avigdor : elle en a délibéré l'insertion, en entier, dans le procès-verbal, ainsi que l'impression, et a adopté l'arrêté qui le suit.»

Telle est l'expression de l'assemblée, organe officiel de la nation juive. Ce témoignage honorable de l'élite d'Israël, rabat, pulvérise, anéantit les traits empoisonnnés du vil calomniateur.

Dans le temps que l'étiquette défendait aux autres princes de l'Europe de donner audience à des Juifs, les souverains pontifes recevaient avec bienveillance les députations de la communauté israélite de Rome et s'occupaient du bien-être temporel de cette portion de leurs sujets.

Le pape actuel, ce souverain au cœur sensible,

grand, magnanime, clément, traite si favorablement les Juifs de Rome, qu'ils lui ont voté, en témoignage de leur reconnaissance, un don magnifique, consistant en un volume de divers modèles de caligraphie hébraïque, couvert d'une reliure dont le fini du travail fait oublier la richesse de l'or. (114). Toutes les pièces de cette collection sont des compositions poétiques qui célèbrent les vertus du *prince propice aux restes de la dispersion de Juda,* et des prières pour la conservation et la prospérité du souverain, *père si bon de tous ses sujets.* Ce que les Israélites romains ont exprimé dans ce volume, ils se plaisent à le répéter avec une profonde sensibilité dans toutes leurs conversations avec des Chrétiens.

Et ce pontife qui, à l'exemple de l'Homme-Dieu dont il tient la place sur la terre, ne connaît que la douceur et la bénignité, l'infâme traître ose le représenter comme accessible à des sentimens contraires à la charité, le qualifier d'*ennemi déclaré des Juifs* (page 10)! C'est un non-sens, un blasphême que les Israélites mêmes ont accueilli avec une grande indignation.

En somme, les Israélites de Rome, vivent heureux sous le gouvernement paternel des papes. Ils jouissent de grands privilèges et l'autorité les garantit efficacement des traitemens indignes qu'ils éprouvent dans toute l'Allemagne et le nord de l'Europe, et en France même dans les départemens du Haut et du Bas-Rhin, de la Moselle, de la Meurthe, du Doubs, des Vosges et ailleurs, où le peuple les accueille dans les rues par des injures et en leur jetant des pierres et de la boue. A Rome, il ne manque pour leur émancipation que de les déclarer admissibles dans les différens degrés *de prélature* et dans le *sacré collège des cardinaux* ! Deutz aurait-il voulu aplanir les difficultés qui s'y opposent autant, pour le moins, de la part des Juifs, que de la part des constitutions de l'Eglise ? Il eût été curieux de le voir à l'œuvre.

3° « Bien accueilli par le Saint-Père, Léon XII, je touchais chaque mois *sur sa cassette* une pension de 25 piastres (pamph. p. 9.). »

L'imposteur change l'aumône de la propagande en une *pension sur la cassette du Pape*. Les régistres de la propagande et les quittances signées de la propre main de Deutz sont là pour lui donner un démenti formel.

4° « J'avais refusé la direction de l'*imprimerie papale* (ibid). »

Pas mal ! voyez plus haut, page 104.

Deutz sait très bien que cet établissement s'appelle l'*imprimerie de la chambre apostolique*; mais il trouve plus beau de dire: J'ai fait fi de l'imprimerie papale.

5° « Il (Pie VIII) me continua ses bontés, appuya mes efforts en faveur des Juifs et alla même jusqu'à créer une commission, à laquelle il m'attacha comme secrétaire rapporteur. » (Pamph. p. 10).

Deutz aurait bien fait de prévenir deux difficultés qui arrêtent au passage ce gros mensonge. 1. Jamais à Rome on n'admet de laïques aux congrégations (commissions) de la nature de celle dont Deutz parle ici. 2. Tous les actes, tous les procès-verbaux de ces congrégations se rédigent en latin. Comment Deutz aurait-il pu tenir la plume ?

6° « Prolonger mon séjour à Rome après la décision de la commission, et renoncer, même momentanément, à un plan qui m'occupait depuis trois ans et à l'exécution duquel, renfermé dans un couvent, astreint aux pratiques du cloître, j'avais fait le sacrifice de mon indépendance et des plaisirs du monde, c'eût été peut-être paraître approuver par mon inaction et mon silence, l'oppression du peuple israélite...(115) Je me décidai à quitter l'Italie : à peine cette résolution fut-elle connue de mes amis, que le Saint-Père et le cardinal Cappellari ne négligèrent rien pour m'en faire changer. Offre d'une place honorable et largement rétribuée dans l'administration civile, ou, si je l'aimais mieux, d'un emploi dans la diplomatie ; perspective d'un brillant mariage, promesses, prières, tout fut mis en œuvre pour me retenir. Ma détermination était immuable : voyant qu'il était inutile de la combattre plus long-temps, le Saint-Père, lorsque je pris congé de lui, eut la bonté de me faire compter pour mon voyage 300 piastres ; c'était d'avance une année de ma pension. » (Pamph. pages 12 et 13).

Il serait difficile de réunir plus de mensonges dans un cadre aussi étroit.

Passons en revue quelques-unes de ces impostures.

Nous avons déjà vu (116) les véritables raisons qui ont fait partir Deutz de Rome.

Renfermé dans un couvent. Si, se promener toute la journée, soit dans Rome, soit aux environs de la ville, passer son temps dans la compagnie de jeunes artistes débauchés, fréquenter les spectacles et autres lieux..., rentrer le plus souvent vers minuit par une porte privée au moyen d'une double clef, s'appelle maintenant *être renfermé dans un couvent*, il faut convenir que les termes de notre langue ont pris un sens opposé à celui qu'ils avaient autrefois.

Astreint aux pratiques du cloître, j'avais fait le sacrifice de mon indépendance et des plaisirs du monde. Que Deutz nous dise à quelle pratiques du cloître il s'est soumis! se levait-il la nuit pour réciter l'office? se donnait-il la discipline qui lui irait si bien? observait-il comme les religieux plusieurs jeûnes par semaine? Mais il ne faisait pas même maigre les vendredis et samedis, comme le commun des Chrétiens. Il ne se refusait aucun des plaisirs du monde qui étaient à sa portée : licite ou illicite. Pour son *indépendance*, il la sacrifiait tout juste comme l'âne sauvage du désert dont Job décrit si bien la farouche indocilité.

Je me décidai à quitter l'Italie : à peine cette résolution fut-elle connue de mes amis que le S. Père et le cardinal Capellari ne négligèrent rien pour m'en faire changer.. promesses, prières, tout fut mis en œuvre pour me retenir.

En fait d'audaces, seulement elles se font justice à elles mêmes, cela va de mieux en mieux! Ainsi que nous l'avons vu plus haut, Deutz après une seule audience, froide et courte, n'a jamais plus reparu devant Pie VIII, qui ne s'occupait pas plus de notre homme que s'il n'avait jamais éxisté. Le souverain pontife n'a donc rien fait pour le retenir à Rome, les cardinaux n'ont rien fait pour le retenir. Mais nous avons la PREUVE DU CONTRAIRE. Deutz instruit en Amérique de l'élévation au trône pontifical de N. T. S. P. le pape Grégoire XVI, se permit d'écrire plusieurs lettres directement à S. S. lui exprimant le désir de revenir à Rome. Toutes ces lettres restèrent sans réponses, et cela devait être ainsi (117). Le souverain pontife se contenta d'ordonner à M. Drach de lui écrire *en son propre nom* que « ce n'était pas la peine de revenir à Rome, et qu'autant valait rester où il était. » Deutz vit très bien que M. Drach n'avait pas pris sous son bonnet l'ordre, en forme de conseil, de ne pas revenir à Rome. Cependant, comme il n'est pas un modèle d'obéissance, il se mit en route vers la ville éternelle. Il fit semblant de n'avoir pas reçu la lettre qui contenait la défense d'y revenir, écrivant de Cologne à M. Drach (Voy. p. dép. n° 18) : « Vous m'expliquerez à Rome, comment il se fait que vous ne m'avez écrit qu'une seule fois en Amérique en date du 15 janvier dernier. »

M. Drach lui écrivit sur-le-champ pour lui répéter de ne pas venir à Rome. Il lui fit entendre assez clairement que le S. P. ne le reverrait pas avec plaisir, et que S. S. n'était disposée à lui accorder ni place, ni pension, et qu'elle laisserait sans réponse toutes ses lettres. Deutz lui répondit de Turin le 6 janvier 1832 (Voy. p. dep. n° 20) : « Mon cher frère et ami in Xto, j'ai reçu avec beaucoup de joie vos deux lettres ; mais je dois le dire, ma joie n'était pas sans beaucoup d'amertume : *Pas un seul mot de la part de notre Saint-Père!* Je me disais sa charité *rapprochera la distance qui sépare le chef des fidèles d'un pauvre malheureux néophite* QUI A PU LUI DÉPLAIRE *mais qui n'en a jamais eu l'intention qui lui a toujours porté la plus profonde et sincère vénération!* Il paraît que c'est encore *une épreuve et je saurai m'y soumettre.* »

Quoique Deutz comprit, à juger d'après ce passage de sa lettre, qu'il n'était pas dans les bonnes grâces du pape, il avançait toujours vers Rome, malgré les avertissemens réitérés de M. Drach. Celui-ci alors, qu'il qualifie de *son ennemi per-*

sonnel (Voy. plus haut chap. 4, pages 25, 26, 27.) s'occupa à le garantir de la misère et à lui épargner les humiliations auxquelles cet aventurier s'exposait témérairement. Il s'adressa aux bénédictins du Mont-Cassin, dans le royaume de Naples, les priant de recevoir son beau-frère dans leur séminaire, comme maître de langue française ; ce que les bons religieux lui accordèrent sans difficulté (118). Deutz aurait trouvé dans ce célèbre et riche monastère une existence commode et honorable. Mais le lâche n'a jamais voulu se rendre utile pour gagner son pain : il aimait mieux vivre sur les crochets des autres, et il refusa !.

Il vint donc à Rome. Il y fut reçu avec un air de glace, même de ceux qui avaient été ses protecteurs déclarés. Avant son arrivée dans cette capitale, M. Drach, sur sa demande, avait cherché à le loger chez quelqu'un de ces derniers : aucun d'eux n'en voulut pour hôte. Deutz lui écrivit à ce sujet (Voy. p. dep. n° 20) « Il paraît que positivement personne n'a de logement disponible pour moi, il est même inutile que vous vous en occupiez davantage, je compte rester très peu de temps à Rome. »

Au total, le retour de Deutz à Rome déplut au S. P., déplut à ses anciens protecteurs, déplut à tout le monde ; et peu s'en fallut qu'on ne l'invitât à en partir sous le plus bref délai.

Après cela il faut avoir toute honte bue pour

oser avancer des mensonges tels que les suivans :

A. « Je retrouvai à Rome le cardinal Cappellari, ou plutôt le pape Grégoire. Son élévation n'avait point changé sa bienvaillance pour moi ; il n'avait point oublié son protégé. *Il me témoigna la joie que lui causait mon retour*, et me conduisit dans les jardins du vatican où il m'entretint plus d'une heure. « Si j'avais un fils, dit-il, en me quittant, avec une tendre affection, je ne saurais l'aimer plus que vous. » C'était là un emprunt que le Saint-Père faisait aux souvenirs du cardinal, car maintes et maintes fois avant mon départ pour les Etats-Unis, le cardinal m'avait répété cette phrase. » (Pamph. p. 18.)

J'affirme sur l'honneur qu'une personne de Rome a entendu d'une bouche auguste que *tous ces détails sont de pure invention*.

Mais voici un autre passage qui est le *crescendo* du précédent (Pamphlet p. 20.) « Le Saint-Père avait parlé de moi à MADAME en termes obligeans, et m'avait peint comme un homme intelligent, actif, de courage et d'exécution, tenace dans ses résolutions, usant du crédit de ses amis et de sa faveur personnelle, non pas dans un intérêt privé, mais dans un intérêt général. Sur ce portrait, flatté sans doute, on pouvait me considérer comme une conquête qui n'était pas sans prix. »

Portrait flatté sans doute, et d'autant plus flatté que l'infâme original se l'est fait lui-même. Simon n'agissant pas dans un intérêt privé ! Qui mieux que le pape sait le contraire ? Personne ne l'a obsédé de demandes d'argent autant que Deutz. Mais, outre la mauvaise opinion que le pape avait de Deutz et la défaveur dans laquelle ce misérable était à la cour pontificale, l'impossibilité de cette recommandation est patente. S. S. n'a *jamais* reçu la princesse qu'en *audience publique.* On conçoit que pareille recommandation n'aurait pu se faire en présence d'une cour nombreuse.

Patience, lecteur ; vous n'êtes pas encore au bout de notre *crescendo*. Voici un autre coup d'archet dont ceux de Paganini n'approchent pas.

« Je communiquai, dit-il (p. 20) cette lettre (119) au Saint-Père. Quel ne fut pas mon étonnement de l'entendre m'engager avec chaleur à prendre parti pour MADAME contre Louis-Philippe !... (120)

Si les ennemis du trône de juillet-août, ne trouvent jamais, pour le renverser, d'autre levier que Simon Deutz, je me présente pour l'assurer moyennant un millième pour cent.

Maintenant reprenons notre système de concession. Accordons à Deutz tout ce qu'il a le front d'affirmer. Oui, mon estimable Simon, puisque vous le voulez ainsi, j'accorde que vos belles qualités, vos hautes vertus, vos rares mérites, vous ont valu l'honneur d'être l'objet des complaisances du souverain pontife. Ses bienfaits pleuvaient sur vous, sa tendresse vous inondait : vous étiez son benjamin. Et votre bienfaiteur, celui qui vous aime comme on aime un fils unique, vous le chargez des plus atroces calomnies? Vous dites à l'oreille du public que le père des souverains comme des simples fidèles, vous a donné la charge d'aller détrôner son fils Louis-Philippe ? Vous auriez voulu exciter ce dernier contre Grégoire XVI, au moyen de cette calomnie. Mon cher Deutz, d'honneur, c'est passablement *Judas :* Pensez-y bien .

Offre d'une place honorable et largement rétribuée dans l'administration civile, ou si je l'aimais mieux, d'un emploi dans la diplomatie.

C'est bien singulier ! jusqu'ici tout le monde croyait à Rome qu'au contraire Deutz avait sollicité de ces places, et que le gouvernement pontifical n'avait pas jugé à propos de lui en confier. Et ce qui prouve sans replique que Deutz en impose, qu'il n'a pas tant fait le dédaigneux, c'est qu'arrivé en Amérique il continuait à solliciter à Rome, par lettres, quelque place de la nature de celles dont il parle ici. Il écrivit à M. Drach de Boston en date du 26 mars 1831 (Voy. p. dép. n°16) : « J'ai écrit *plusieurs lettres* à S. E. Cappellari, lui demandant soit les fonds nécessaires pour établir une imprimerie catholique dans ce diocèse, objet d'une très haute importance, car ici on tire journellement les pauvres papistes à boulets rouges, soit une commission officielle d'aller rejoindre M. Ostini, au Brésil. »

Il y joignit la menace : « Si aucune de mes deux demandes ne *m'étaient accordées*, je m'en retournerai en France; *car il est de mon destin d'être* VEXÉ *partout.* »

Et dans la lettre qu'il écrivit à **M. Drach**, en date du 18 juin suivant (Voy. p. dép. n° 17.) on lit en marge : » Je n'ai pas un dénier vaillant. Ne pourriez-vous rien obtenir du pape pour moi? Qu'il m'envoie au Brésil ou en Espagne en qualité d'auditeur du nonce (121).

Perspective d'un brillant mariage. Ne dirait-on pas que toute la noblesse romaine briguait à l'envi l'alliance de très haut et très puissant seigneur Simon Deutz? Retirez-vous, Borghèse, Piombini, Colonna et autres familles romaines qui vantez l'antiquité de votre noblesse et vos fortunes colossales. Deutz ne veut pas de vous ; tenez-vous-le pour dit, et cessez vos importunités. Vos jeunes et riches princesses soupireront en vain pour lui : ni leurs grâces, ni leurs riches dots ne touchent ce cœur de roche. *Il déteste les femmes autant que l'argent.* Mais ce qui me passe, c'est que tandis que ce fier *misagyne* (122) dédaigne ces *brillans mariages*, il est lui-même, d'un autre côté, repoussé avec perte. Une fille pauvre (123) qui n'a ni la noblesse, ni la dot, ni l'éducation des princesses auxquelles il fait la moue, rejette ses soins amoureux, et ses parens le refusent tant soit peu brutalement, en le qualifiant *d'ébréaccio*, ce qui veut dire : *vilain juif!*

« *Le Saint-Père, lors que je pris congé de lui, eut la bonté de me faire compter pour mon voyage 300 piastres*. Le pape dont DEUTZ N'A POINT PRIS CONGÉ ne lui a pas fait compter une obole. C'est la propagande qui, sur les instantes sollicitations de son confesseur, lui accorda une somme *pour partir:* Le débarras valait bien un sacrifice. On ne lui aurait rien donné *pour rester.*

7. Le séjour de quelques mois que je venais de faire dans l'intérieur des Etats-Unis, *terre classique de la tolérance* et de la liberté. »

Halte-là! Monsieur Simon Deutz; dans les lettres que vous écriviez d'Amérique vous chantiez bien autrement. Vous n'aviez pas assez d'expressions pour flétrir la haine et les persécutions dont les catholiques sont l'objet sur votre terre classique de la tolérance et de la liberté. Pour finir ce chapitre déjà trop long, je me borne aux deux passages suivans que je trouve dans votre lettre datée de Boston, 26 mars 1831 (Voy. p. dép. n° 16)

«.. ici on tire journellement les pauvres papistes à boulets rouges. »

« J'ai tenté tous les moyens pour être employé comme ouvrier imprimeur (124) ou comme professeur en hébreu (125), et toujours j'ai échoué, et savez-vous pourquoi? parce que je suis catholique! ce dont je me glorifie; je connais ici plusieurs Français et Italiens qui étaient catholiques et qui ont *apostasiés* pour obtenir des places, et effectivement ils ont été placés *sur-le-champ*. Un de ces M.M. Italien devenu unitairien, m'a dit la semaine passée que mes relations avec monseigneur l'évêque (126) me faisaient du tort ; en somme ce que l'on me promet aujourd'hui on me le refuse le lendemain, parce que je suis papiste: je ne *l'aurai* jamais cru si je ne *les* voyais, de mes propres yeux ; monseigneur me dit à l'instant qu'une pauvre femme Irlandaise a été chassée par son maître calviniste parce qu'elle a voulu aller à l'Eglise le jour de Saint Patrick ! » (127)

D'où vient, monsieur Deutz, cette contradiction ? C'est que votre lettre est de 1831 et votre brochure de 1835. Depuis quatre ans vous avez fait du chemin... dans le crime.

VI

ET DERNIER.

Vrai mobile de la trahison de Deutz.

> *Ubi magnitudo quæstuum speciatur, rarò fides integra manet.*
> TACITE. Ann. II.
> *Apud Judæos adversus omnes alios* HOSTILE ODIUM.
> *Id.* Hist. liv. v. 5.

Jusqu'à présent j'ai donné sur Deutz des renseignemens qui étaient à ma connaissance personnelle, ou qui m'avaient été fournis de Rome. Mais comme il a consommé sa trahison loin de moi et de mes amis, j'ai peu de chose à ajouter à ce que le public sait déjà relativement à ce drame de Nantes qui a mis Simon-Judas au pilori de l'histoire universelle.

Je ne m'occuperai donc dans ce dernier chapitre que du système que le traître a adopté dans son libelle pour excuser sa trahison, de quelques détails qui m'ont été communiqués par des témoins oculaires, et surtout des circonstances qui ont précédé son arrivée dans la Vendée. Des faits notoires, ses propres lettres et ses grossières contradictions, mettront encore ici à nu ses mensonges et ses perfidies.

Afin d'écarter la grave accusation d'avoir vendu à prix d'argent à la police la duchesse de Berri, Deutz cherche à persuader à ses lecteurs, que sa trahison a été tout-à-fait désintéressée de sa part, qu'elle n'avait eu d'autre but que de *servir la patrie en empêchant la guerre civile*, qui était éteinte, et *l'invasion* EXTÉRIEURE, qui ne pouvait être dans les projets des souverains étrangers et aurait trouvé pour premier obstacle la duchesse de Berri, décidée en cas d'invasion, à faire de son corps un rempart à la France.

Mais, comme tous ceux qui mettent en avant de mauvaises raisons, Deutz multiplie trop les excuses. Il ne se contente pas du beau rôle qu'il se donne d'avoir rendu un *service immense au pays*, ou plutôt il sent lui-même que ce rôle ne lui va pas. Il assigne donc, en outre, d'autres motifs à sa trahison.

Sachez donc que Simon Deutz (dont les principes religieux et politiques, vrais caméléons, changent de couleur selon l'intérêt du moment), est, à ce qu'il dit, *ennemi du carlisme*, dont il n'espère plus rien, et dévoué corps et âme au *philipisme* dont il espère quelque chose.

Ce n'est pas tout. Il ne suffit pas à notre *sauveur de la patrie* d'avoir agi selon *ses convictions politiques*, sa glorieuse expédition de Nantes avait encore, toujours selon lui, d'autres mobiles. Comme le loup de la Fable, il cherche querelle à la *restauration*, et notamment à la duchesse de Berri. Celle-ci aurait *trempé dans le complot*, dont elle n'a certainement pas eu connaissance, ayant eu pour objet d'*enlever* les enfans de M. Drach *à la sœur de prédilection de Deutz*, laquelle sœur de prédilection les avait soustraits traîtreusement à leur père, et n'a jamais voulu, la bonne mère ! ni les rejoindre, ni s'en occuper Quant à la restauration même, Deutz *catholique* a à lui reprocher ses *terribles* persécutions religieuses contre les juifs, et en particulier contre la famille Deutz. (Voy. le libelle, pag. 14). Et comme messire loup, il s'est écrié :

... Vous ne m'épargnez guère
Vous, vos bergers et vos chiens.
On me l'a dit : Il faut que je me venge !

Entrons en matière.

Il est avéré que jusqu'en 1833, partout où il a séjourné ou demeuré, Deutz s'était déclaré zélé partisan de la légitimité. Nous verrons d'ailleurs dans les passages de ses lettres, que je vais transcrire, la même profession de foi politique. On a déjà vu dans le chapitre précédent, que dans les premiers momens de sa conversion il renonça à son projet de retourner à Paris immédiatement après son baptême, *parce que le vent y était au libéralisme*. Mais chez lui, dévotion religieuse, dévouement politique, attachement personnel, tout n'est que calcul, tout n'a qu'un but, celui de saisir les moyens de bien vivre sans travailler ; car il n'a qu'un culte, n'encense qu'une idole : c'est son *moi!* Parens, amis, bienfaiteurs, ne lui sont plus rien du jour où il perd l'espérance d'en tirer du profit. Bien heureux encore, si l'ingratitude de Simon envers eux se borne à l'oubli. Le plus souvent les bienfaits excitent en cet homme une haine implacable, et un désir de vengeance qui ne s'assouvit jamais : les chapitres précédens de cette brochure, en fournissent une foule d'exemples (128).

Après avoir exploité pendant trois ans la charité des catholiques, et ayant beaucoup perdu dans leur esprit, Deutz vit diminuer sensiblement ses ressources. Il fallait aviser à quelque autre expédient, car le métier de nouveau converti allait mal. C'est alors qu'on lui entendait souvent répéter ce mot qui a été rapporté par les journaux : *Je ferai fortune, ou je périrai*.

L'occasion de tenter fortune, ne se fit pas long-temps attendre. MADAME tenait sa cour à Massa. Le génie actif et le courage mâle de cette grande princesse ne permettaient pas de douter qu'elle ne nourrît des projets pour mettre son fils sur le trône de France. Deutz prend sa route par Massa, et s'y lie avec des personnes attachées à S. A. R. Dans ses conversations il laisse échapper, comme sans intention, qu'il devait se rendre *en Espagne et en Portugal* POUR UNE MISSION DE CONFIANCE. Certes, aucune affaire ne l'y appelait, et encore moins était-il chargé d'une MISSION quelconque; mais il présumait, comme tout le monde, que la mère de notre HENRI espérait des gouvernemens dans ces deux pays, des secours en faveur de son entreprise. Il déclamait beaucoup contre les *révolutionnaires*, les *usurpateurs*, et surtout contre les PARJURES *qui avaient trahi la cause sacrée de la légitimité pour obtenir ou conserver des places lucratives.* COMMENT PEUT-ON, disait-il, POUR UN VIL INTÉRÊT, SACRIFIER SON OPINION, VENDRE SON HONNEUR ! etc. etc. (129)

Ces sermons si édifians lui gagnèrent la confiance de MADAME, d'autant plus facilement que l'imposteur osait dire que depuis long-temps il possédait toute celle du pape. S. A. R. résolut donc de mettre à profit l'imminent voyage de Deutz, et elle lui accorda une audience dont il rendit compte à M. Drach de la manière suivante (voy. pièces déposées n° 21) :

« A. M. D. G. Massa di *Carara*, 26 janvier 1832. Mon cher frère... S. A. R. Madame a daigné me recevoir ce matin, et m'a fait l'accueil le plus flatteur. Madame et les personnes qui l'accompagnent m'ont chargé de vous dire mille choses agréables. »

Pour accroître ses profits, et se faire une position plus belle en cas que le drapeau blanc l'emportât sur le drapeau tricolore, il imagina le mariage de MADEMOISELLE avec le roi de Portugal, et sollicita la permission d'en faire la proposition au jeune monarque. Je suis en état de pouvoir affirmer qu'on ne l'a nullement chargé de proposer cette alliance, qui eût été intempestive, et que c'est de son autorité privée qu'il en a entamé les négociations à Lisbonne.

Je placerai ici deux lettres qu'il a écrites de Massa avant de prendre la route de Madrid (voir p. dép. n° 22 et n° 23).

« Massa di Carrara, 31 mars 1832.

Paix (130) et toutes sortes de prospérités à tout jamais. Mon cher ami et frère. Je suis arrivé ici heureusement jeudi passé (131), et vendredi j'eus l'honneur de parler à Madame. Elle était bonne et bienveillante. Je reste ici jusqu'à mardi, afin de lui donner le temps de préparer toutes ses commissions pour l'Espagne et le Portugal. Elle me donne des lettres pour D. Miguel et pour son beau-frère Ferdinand VII. C'est ce qu'elle m'a dit. J'espère que tout ira bien. Jusqu'à présent tout va très bien. Le maréchal de Bourmont est mon ami. Je vis ici au milieu de toute cette société (132); pairs de France, conseillers d'Etat, etc.

« Je sais que Bourmont me chargera de commissions importantes pour le Portugal. Ne faites part à personne de ce que je vous communiquerai par la suite en fait de politique. Cela pourrait m'être très préjudiciable. Bourmont m'a dit que ses deux fils et un aide-de-camp sont en France pour organiser une armée dans la Vendée. Chut!

« Vous (133) avez dû être bien étonné lorsque vous avez lu dans les journaux que M. le maréchal Clausel a affirmé en pleine chambre des députés que M. le maréchal Bourmont avait envoyé son serment au gouvernement de Louis-Philippe dans une lettre qu'il lui aurait remise pour être envoyée au ministre de la guerre! eh bien le fait est entièrement faux, M. de Bourmont n'a jamais prêté serment, voici la lettre qu'il a remise à M. le général Clausel pour (134) le ministre de la guerre; c'est lui-même qui me l'a dictée :

« Je viens de remettre le commandement de
« l'armée d'Afrique au général Clausel, je ne juge
« pas devoir retourner en France immédiatement,
« mais je veux demeurer Français. J'ai le projet
« d'aller en Belgique, et si votre autorisation est
« nécessaire pour cela, j'espère que vous ne re-

« fuserez pas de l'envoyer à l'ambassade de
« France à Londres, 2 septembre 1830. » Je
vous embrasse, votre frère. H. Deutz. Mademoiselle Lebeschu dit mille choses à *ses* enfans. (135)
« Madame m'a chargé de vous faire bien des complimens ainsi qu'à vos enfans. »

Lettre sans date (voy. p. dép. n° 23.)

« A. M. D. G.

Mon cher frère. Paix et toutes sortes de prospérités à tout jamais. Je suis officiellement accrédité par Madame auprès de D. Miguel. Je suis chargé de lui demander de l'argent, des armes et de la poudre (136). En France, Bourmont a organisé environ quatre-vingt mille hommes *tirans l'épée*. (137) Hier Bourmont m'a lu la proclamation de Madame comme régente de France. On pense ici être en France dans peu de mois... Je vois très souvent Madame. Dimanche je dînai chez elle... Vous pouvez vous imaginer que si je réussis, et que Henri V retourne en France *ma fortune sera faite*. Mais aussi je puis vous assurer que je ne m'épargnerai pas. Je donnerais volontiers ma vie pour notre roi Henri (138). Je vous écrirai dorénavant toujours en langue judaïque (139). Je suis aussi persuadé que vous ne négligerez rien dans les circonstances où vous pourrez m'être utile.

« Hier (140), sur l'invitation de Madame. Je suis monté à cheval avec mademoiselle Beschu, vous ne pouvez vous figurer la sincère amitié qu'elle porte à mes aimables nièces. M. le comte de Bourmont m'a montré une lettre qu'il vous écrivait, tout le monde vous aime et vous estime ici, je me joins à *eux* et vous embrasse. H. Deutz.

« Je mets un petit mot dans une lettre de madame la comtesse de *Saint-Prix* (141), j'ai engagé cette noble dame à vous écrire, afin que vous puissiez la conseiller sur la meilleure méthode d'apprendre l'hébreu, je lui ai donné deux petites leçons, et déjà elle lit l'hébreu! sous votre direction elle saurait lire et comprendrait la bible en moins d'un mois. »

La lettre dont le comte de Brissac honora M. Drach le 3 avril 1832, confirmait tout ce que Deutz avait annoncé au même relativement à ses missions (voir p. dép. n° 24).

« Monsieur, Madame me charge, écrivit-il, de vous dire qu'elle a reçu votre lettre par votre excellent beau-frère qu'elle apprécie autant qu'il le mérite. Madame doit lui remettre des lettres pour les divers endroits où il se rend. Madame qui s'intéresse très vivement à mesdemoiselles vos filles a grande confiance dans leurs bonnes prières.

« Je suis toujours enchanté, monsieur, de toutes les circonstances de pouvoir vous renouveler l'assurance de ma considération la plus distinguée et de tous mes sentimens sincères. Le comte de Brissac. »

Si l'expédition de MADAME à Marseille avait réussi, nul doute que Deutz serait resté un *des plus fidèles, des plus dévoués, des plus* ÉPROUVÉS *appuis du trône de Henri V*, pour lequel, comme on vient de voir, il était prêt à donner sa vie. Mais l'héroïne eut le grand tort de ne pas atteindre le but de son débarquement, et Deutz qui avait jeté la plume au vent, commença à lui tourner casaque pour tâcher de *faire sa fortune* chez le *voisin* du camp opposé. Il faut le dire, MADAME et ceux qui formaient alors sa cour, déclarent qu'il a rempli avec zèle et intelligence plusieurs missions délicates dont S. A. R. l'avait chargé.

C'est les premiers jours de juin 1822, que Deutz apprit à Madrid les évènemens de Marseille, et selon son propre aveu (pamph. p. 32), il n'a tourné ses regards vers le ministère de Louis-Philippe, que précisément à la même époque (142). Bientôt après, Deutz connut la nouvelle que MADAME n'avait pas été arrêtée à Marseille. Tout le monde présumait qu'elle allait se joter dans la Vendée où il y avait alors de grandes chances pour elle; et en homme prudent il se mit à ménager le choux et la chèvre (143). Il écrivit donc en date du 3 juin 1832, à son beau-frère la lettre légitimiste que voici (Voy. p. dép. n° 25).

« Madrid, 3 juin 1832.

« Mon cher frère, je ne vous écris ce peu de

mots qu'afin que vous ne soyez pas inquiet de moi. Car je n'ai rien de particulier à vous marquer. Je suis ici depuis environ huit jours chez les bons PP. jésuites à Saint-Esidro, j'ai été à Aranjuez, où j'ai eu l'honneur d'être présenté à la famille royale (144) dont j'ai été fort content, surtout des princesses portugaises, sœurs de D. Miguel qui ont daigné me faire l'accueil le plus gracieux, et m'ont donné des lettres pour leur auguste frère (145). Je suis on ne peut plus inquiet sur les suites de l'*échauffourée* de Marseille, donnez-moi le plus de nouvelles SURES (146) que vous pourrez dans votre prochaine.

« Je pars jeudi prochain pour Lisbonne... Si vous avez occasion de voir madame la marquise de Podenas, veuillez lui présenter mes très respectueux hommages, et lui dire que j'ai eu l'honneur de voir M. de Podenas, son mari, et de lui remettre la lettre qu'elle avait eu la bonté de me donner pour lui, et qu'il se porte parfaitement bien. »

Il adressa au même, après son retour de Lisbonne, une lettre en hébréo-germain, (voir p. dép. n° 26), dont je transcris le passage suivant :

« Saint-Ildéfonse. La Granja 15 septembre 1832.
Espagne près Madrid.

Mon cher frère, jusqu'à ce moment tout s'est passé à souhait. Je ne suis parvenu qu'à grands efforts à parler à Michel (147)... Ma mission auprès du roi a eu lieu. Je ne puis, quant à présent, rien vous dire de plus. Maintenant je vais trouver mon *aimable cousine* (148), après cela je retournerai au Portugal.

« Vous ne pouvez pas me répondre pour le moment, car je ne sais où vous pourriez adresser votre lettre. Je n'en continuerai pas moins à vous écrire toujours par la suite :

Votre frère Simon Deutz.

Cette lettre a cela de remarquable que, pour la première fois après son baptême, Deutz y reprit son nom de circoncision, *Simon*. Aussi, M. Drach en la recevant, s'écria-t-il avec une extrême mélancolie : « C'en est donc fait de la catholicité de ce malheureux ! »

Enfin, Deutz rentré en France pour la *première* fois, depuis qu'il en était parti en 1827 (149), adressa une dernière lettre à M. Drach à qui, après l'arrestation de Madame, il n'a jamais plus osé écrire. Cette lettre ne porte ni date ni lieu (150), mais elle est indubitablement de l'automne 1832, et a dû être écrite ailleurs qu'à Paris. A l'exception d'un petit *post-scriptum*, elle est toute en hébréo-germain. On y remarque quelques lettres *seules*, tenant lieu de chiffres dont je n'ai pas la clef. Il est visible que celle de la première ligne (151) désigne Madame.

Je vais mettre sous les yeux du lecteur quelques extraits de cette lettre. (Voir pièces dép. n° 27.)

« Mon très-cher frère et ami, je suis ici depuis quelques jours, attendant une réponse de Madame. Elle sait déjà que je suis ici. J'ai à traiter avec elle d'affaires de la dernière importance. Nous avons tous de bonnes espérances pour cet hiver. Je n'ai rien de particulier à vous mander. Pour ce qui regarde les nouvelles politiques, vous les connaissez par les journaux. Dans quelques jours je retournerai à... (152). Je m'y arrêterai un peu, et ensuite je me rendrai de nouveau en Portugal. Vous pouvez me répondre à l'adresse suivante.

Monsieur monsieur H. de Gonzague rue Feydeau n° 3, hôtel des Étrangers.

Quoique je n'y sois pas, la lettre me parviendra cependant. Donnez-moi, je vous prie, des nouvelles de Rome, et dites-moi bien ce que vous désirez de D. Miguel; car maintenant j'ai un caractère politique : je suis en état d'obtenir tout ce que je veux.

« J'attends votre réponse avec impatience. Votre frère,

« Hyacinthe D.

« Mille baisers aux chers enfans; je leur écrirai avant de quitter la France, j'ai quelque chose pour eux. »

Ici se présente la question qui a été agitée déjà plus d'une fois. A quelle époque Deutz dit-il aux ministres, comme Judas aux princes des prêtres : « Que voulez-vous me donner et je vous la livrerai (153)? » Est-ce à Madrid, incontinent après les évènemens de Marseille, dans le printemps de 1832, quand il sut que l'expédition de Madame était manquée? Ou bien, est-ce dans l'automne suivante, à Paris, quand la police cherchait à le gagner ? Car d'après les preuves matérielles que nous avons vues jusqu'ici des insignes mensonges de cet homme, on ne saurait s'en rapporter à ce qu'il dit dans son libelle à cet égard.

Je pense avec plusieurs que l'infidélité de Deutz date de la dernière époque. M. le général Dermoncourt qui donne sur ce misérable des renseignemens qu'il avait recueillis de la bouche même de Madame et des personnes arrêtées avec elle, confirme cette opinion dans son livre *la Vendée et Madame*.

« Après ses missions, dit cet honorable officier-général à la p. 251, Deutz revint à Paris pour y poursuivre, conjointement avec un agent du roi de Portugal, un emprunt de quelques millions (154)... C'est alors que la police fixant les yeux sur ces deux hommes, reconnut dans l'un d'eux un agent de la duchesse de Berri. On lui fit des offres pour le gagner ; mais Deutz voulut avoir affaire au ministre de l'intérieur lui-même, et il paraît qu'on lui ménagea une audience. »

On a remarqué dans la trahison de Deutz, telle

qu'il en donne le récit lui-même, la reproduction des principales circonstances de celle de Judas : J'en présenterai, comme essai, le petit tableau suivant. Un amateur pourrait faire un ouvrage entier, sous ce titre :

Rapports entre la trahisson de Simon Iscoblentz (155) et celle de Judas Iscariote.

TRAHISON DE

SIMON ISCOBLENTZ.	JUDAS ISCARIOTE.
I. Le conseil des ministres se réunissait presque tous les soirs, attendant avec anxiété des nouvelles de Nantes (p. 52).	I. En ce temps-là les princes des prêtres, et les anciens du peuple, s'assemblèrent et tinrent conseil ensemble pour saisir Jésus par ruse. (S. Matth. 92).
II. J'écrivis à M. de Montalivet : « Il n'y a qu'un moyen de délivrer la France de l'anarchie et de la guerre civile; ce moyen, c'est l'arrestation de MADAME, il n'y a qu'un homme capable d'y réussir, cet homme, c'est moi. » (p. 37-38).	II. Alors l'un des douze, appelé Judas Iscariote, s'en alla trouver les princes des prêtres et il leur dit : Que voulez-vous me donner, et je vous le livrerai. (*Ibid.*)
III. M. Jauge la prévenait de se tenir sur ses gardes, parce qu'il savait de source certaine qu'un homme qui avait toute sa con-	III. Et il (Jésus) leur dit : Je vous dis en vérité que l'un de vous doit me trahir. Judas, qui fut celui qui le trahit, prenant la parole, dit :

fiance, l'avait trahie et vendue à M. Thiers pour un million. MADAME me regardant en souriant dit : « Vous avez entendu, monsieur Deutz, c'est peut-être vous ? » Et je lui répondis sur le même ton. » (p. 55.)

Maître est-ce moi ? Il lui répondit : Vous l'avez dit. (*Ibid.*)

IV. *Une seule fois* j'ai été admis à l'honneur de m'asseoir à sa table. (A la table de MADAME.) (p. 62.)

IV. Dans l'Evangile nous voyons *une seule fois* Judas assis à la table de N. S. lorsque le Divin Sauveur dit : « Celui qui met avec moi la main au plat, est celui qui me livrera. » (*Ibid.*)

V. Je n'aperçus d'abord que M. le comte de Mesnard, auquel je demandai Madame ; elle m'entendit, car à l'instant elle sortit de derrière une cloison en me disant : « Me voici, MON CHER DEUTZ. » (p. 50).

V. Aussitôt donc, celui qui le trahissait s'approchant de Jésus lui dit : Je vous salue, mon maître, et il le baisa. Jésus lui répondit : « MON AMI, qu'êtes-vous venu faire. » (*Id.*)

VI. Le but de MADAME était... ses moyens, la guerre intérieure, la corruption des fonctionnaires, l'embauchage de l'armée, et l'invasion étrangère (p. 23).

VI Et ils commencèrent à l'accuser, en disant : voici un homme que nous avons trouvé soulevant le peuple et le détournant de payer tribut à César. (S. Luc. 23.)

EXAMEN DE QUELQUES MENSONGES ET CONTRADICTIONS DE SIMON DEUTZ.

1°. » Mon but, quoiqu'en aient dit les organes de la légitimité, était de sauver la France des horreurs de la guerre civile, et de l'invasion extérieure. Que pouvais-je attendre de Louis-Philippe dont la puissance était encore mal affermie? Des honneurs, des dignités, de l'argent?..... Mais toutes ces faveurs, après lesquelles courent l'ambition et la cupidité, m'étaient bien plus sûrement acquises, en restant attaché au parti de MADAME. Si je me taisais, *déjà ennobli*, *créé baron*, nommé plénipotentiaire de la régente, chargé par elle d'une importante mission, et d'un emprunt de 40 millions (156) pour elle et pour don Miguel, les récompenses honorifiques et pécuniaires ne pouvaient me manquer ; si je parlais, je faisais le sacrifice de ces brillantes espérances, je me dévouais aux poignards carlistes, aux malédictions et aux vengeances du parti, à la flétrissure du nom de traître..... Et j'ai parlé !!..... j'ai sacrifié à ma conviction de citoyen mon intérêt d'homme... »

Telles sont les impudences que cet homme entasse pour en former son système de défense. A l'entendre, il ne s'est décidé à devenir *traître* que pour épargner à la France les horreurs de la guerre civile (157), voire l'invasion étrangère, et peut-être le partage de notre belle patrie (158). Il est facile de faire voir qu'il en impose.

a. A-t-il prévenu la guerre civile ?

La guerre civile était finie, bien finie, entièrement éteinte quand Deutz fit arrêter la duchesse de Berri. Outre que c'est un fait notoire, je rapporterai en preuve la conversation que la princesse eut à ce sujet, après son arrestation avec le général Dermoncourt (159).

« Que V. A. R., dit le brave général, me permette de lui dire que je ne comprends pas comment, *lorsque tout a été fini dans la Vendée, lors qu'après les combats du Chêne et de la Pénissière tout espoir a été perdu*, elle n'a pas eu l'idée de retourner aussitôt près de ce fils qu'elle aime tant; nous lui avons fait beau jeu. — Lorsque je vins en France, dit la princesse dans sa réponse (159), j'étais trompée sur la disposition des esprits; je croyais que la France se soulèverait, que l'armée passerait de mon côté; enfin je rêvais une espèce de retour de l'Ile d'Elbe. *Après les combats de Vieillevigne et de la Pénissière, je donnai l'ordre positif à* tous mes vendéens de rentrer chez eux ; car je suis française avant tout, général. »

Si Deutz avait véritablement voulu épargner *au pays* les horreurs de la guerre civile, il n'aurait pas attendu que la fortune se fût déclarée contre son auguste victime pour lancer son coup de pied de l'âne. DÉJA A MASSA, non seulement il connaissait les projets de ce qu'il appelle *guerre civile* (161), mais encore il avait reçu la confidence que *des officiers légitimistes organisaient déjà une armée vendéenne*. Et dans sa lettre n° 23 (162), également écrite de Massa, il annonça qu'*en France on avait déjà organisé environ* 80,000 *hommes prêts à tirer l'épée;* que M. de Bourmont lui avait donné lecture de la proclamation de MADAME comme régente ; que la princesse *espérait être en France dans quelques mois, pour prendre en main les rênes du gouvernement.*

C'eût été alors véritablement le moment d'avertir le ministère de Louis-Philippe du mouvement qui se préparait. Mais bien loin de prévenir la *guerre civile*, Deutz y poussait, y coopérait personnellement par ses missions qui n'avaient point d'autre but que d'armer les citoyens les uns contre les autres (163). *Il ne s'épargnait pas*, et protestait qu'il était prêt à donner sa vie pour NOTRE ROI HENRI (164).

b. A-t-il prévenu l'invasion étrangère?

Deutz en accusant MADAME d'avoir voulu l'invasion étrangère, ment à sa propre conscience. Il sait que la duchesse de Berri avait en horreur l'intervention armée des souverains dans sa querelle avec son oncle. A Massa même, non seulement il avait entendu de la propre bouche de MADAME la devise qu'elle avait adoptée : « Tout *pour la France* et *par la France* », mais il connaît parfaitement, il ne peut le nier, la note que S. A. R. adressait alors à toutes les cours de l'Europe. Or, dans cette note MADAME ne demandait que l'*appui moral* des souverains en faveur de sa cause, et leur déclarait en même temps qu'*elle ne voulait pas absolument qu'un seul soldat de leurs armées s'approchât de nos frontières.*

c. Véritable et seul motif de la trahison.

Deutz n'espérait plus rien de la duchesse de Berri, traquée par les limiers de la police dans toute la Vendée. En conséquence il revira de bord, et fit pacte avec ceux pour qui le sort s'était montré plus favorable, dans le but bien visible d'*attraper* auprès deux cette fortune après laquelle il courait si avidement. Il n'avait plus *aucunes brillantes espérances, aucun avenir* à sacrifier. Il avait encore moins de *présent* à sacrifier; car il était dénué de toutes ressources. Quant à sa noblesse, c'est une vraie fable. S'il avait été, comme il l'ose avancer, *créé baron*, il n'aurait pas manqué d'insérer dans son libelle le texte de ses titres : l'on m'accordera sans peine que la seule assertion de Deutz n'équivaut pas à un diplôme. Sa *conviction de citoyen* est une autre fable. Il est clair qu'un Prussien, un individu solennellement déclaré étranger par nos magistrats, et reconnu comme tel par nos autorités administratives (165), n'a aucun devoir envers la France comme *citoyen*. Dailleurs, ainsi que je l'ai déjà fait voir, *il ne nous a sauvés de rien*, ni de la guerre civile qui était finie sans retour, ni de la guerre d'invasion que personne n'appelait, que tous les partis abhorraient.

Qu'a donc voulu ce vil étranger en livrant à la police notre héroïque et *bonne* duchesse?—Ce qu'il a voulu toute sa vie : de l'argent! et chose incroyable, des HONNEURS! car on prétend qu'un des articles qu'il avait stipulés en récompense de la capture qu'il promettait, fut la CROIX D'HONNEUR!!! Pour le coup on l'aurait bien pu appeler : une décoration *si vile* (civile). Si la poitrine du traître avait profané le signe des braves, tous nos militaires qui le portent, l'auraient arraché avec indignation de leur uniforme.

2° DÉSINTÉRESSEMENT DE DEUTZ.

Celui qui a livré la duchesse de Berri assure qu'il n'a fait au ministre *aucune condition d'argent*, qu'il n'en a point reçu. Et, pour bien nous endoctriner sur ce point, il répète cette assertion évidemment mensongère aux pages 41, 42, 43, 47 de son libelle.

Je le prierai de nous expliquer *sans ambages*, comment il se fait que lui, Deutz, qui *sans fortune et sans état*, avait toujours mangé le *pain de la mendicité*, s'est trouvé *après l'arrestation de Madame*, en position d'assigner une pension à sa sœur, et de mettre à ses frais des enfans dans une des premières maisons d'éducation à Londres (166)? Pourquoi n'a-t-il pas AVANT l'évènement de Nantes, fait une pension à *sa sœur de prédilection* qui depuis dix ans était sans pain (167).

Au reste, Deutz, sans y penser, nous révèle dans son pamphlet, que c'est de la capture de son auguste bienfaitrice que date son changement de fortune. Comment se rendit-il à *Nantes* ? lisez pages 44 et 45 : Je partis seul de Paris. A Angers, le premier homme qui s'offrit à ma vue, fut M. Joly : après un entretien de quelques minutes, il remonta dans sa chaise de poste, et *moi*, j'attendis jusqu'au lendemain le *bateau à vapeur qui me porta à Nantes.* » Comment s'en retourna-t-il DE *Nantes* ? ouvrez à la page 56 : « Je n'attendis pas l'arrestation de Madame ; ma présence à Nantes était désormais inutile et ma mission terminée. JE ME JETAI DANS UNE CHAISE DE POSTE *qui me conduisit à Paris.*

Vous voyez, cher lecteur, que le voyage AVANT se fit modestement en *bateau à vapeur*, tandis que l'agent Joly qui déjà avait les mains dans la pâte des fonds secrets, après un entretien avec Deutz remonta fièrement dans sa *chaise de poste*, sans daigner lui offrir une place. Mais il en fut autrement pour le voyage APRÈS : Simon, ni plus ni moins qu'un Rothschild, se jeta dans une CHAISE DE POSTE qui le conduisit à Paris.

De plus, Simon nous fait connaître lui-même (pag. 155.) la lettre par laquelle M. Jauge prévenait MADAME de se tenir sur ses gardes, « parce qu'il « savait de source certaine qu'un homme qui avait « toute sa confiance l'avait trahie et *vendue à* « *M. Thiers pour* UN MILLION. »

Maintenant rapprochons de cela deux passages du livre du général Dermoncourt :

1° « Monsieur, lui dit-elle, savez-vous ce qu'on m'écrit de Paris? on m'écrit que je suis trahie, est-ce par vous ?... » (p. 226)

2° MADAME avait à Paris, parmi les hommes que le roi Louis-Pilippe croit le plus dévoués, des personnes qui lui rendaient compte *de tout ce qui se passait aux ministères et aux Tuileries* : celle surtout qui venait de lui donner cet avis serait bien curieuse à nommer, si la nommer n'était de ma part une dénonciation. » (P. 273)

De tout cela il résulte bien clairement que cet honnête marché a été conclu moyennant la promesse d'un MILLION! mais comme promettre et tenir sont deux, la police, à ce qu'assurent des personnes qui paraissent le savoir, opéra une forte réduction sur cette somme quand le traître se présenta pour *palper son salaire*. Toujours est-il que depuis son expédition de Nantes, Simon Deutz ne tend plus la main. Cela, en bonne logique, prouve qu'on lui a assez rempli l'escarcelle pour le dispenser de mendier comme il l'avait fait par le passé.

3° *Comment Deutz a-t-il veillé sur les jours de* Madame ?

Le passage que je viens de citer (page 163) contient une des contradictions les plus frappantes de la brochure de Deutz, et le convainc d'une insigne imposture. Il dit p. 38 : « A ce service que je proposai de rendre (l'arrestation de Madame) je ne mettais qu'une *seule* condition, c'était que le gouvernement s'*engageât à me garantir pour* Madame *la vie sauve.* »

Puis, page 43, 44. « Je crus qu'à *ma présence sur les lieux* étaient attachées et l'arrestation de Madame et la *conservation de sa vie* ; car mon but n'était pas seulement de la faire arrêter mais de la faire arrêter *saine et sauve*, et sans qu'il en coutât à *elle un seul cheveu*, et aux hommes de son parti une goutte de sang. »

« Je me rappelle, dit-il en note, que je terminai par ces mots l'une de mes conversations avec M. Thiers qui voulait me retenir à Paris : « J'ai pris, Monsieur le ministre, une grave responsabilité, et *je ne puis confier à un autre que moi le soin de veiller sur les jours de* Madame. »

Eh ! bien, cet homme qui répète avec tant de jactance qu'il *a bravé la mort pour aller veiller sur les jours de* MADAME ; qu'il n'a point voulu *confier* ce soin à un autre, nous apprend lui-même un peu plus bas, p. 56, comme nous venons de le voir, qu'il *n'attendit pas l'arrestation de* MADAME. « Ma présence à Nantes, ajoute-t-il, était désormais inutile, et *ma mission terminée.* » Ici l'imposteur oubliait que six pages plus haut il avait voulu se faire passer comme s'étant donné la MISSION *de veiller à la conservation de la vie de* S. A. R. Cette mission-là, n'aurait fait que de commencer au moment où il *se jeta dans une chaise de poste.* L'héroïque mère de HENRI était exposée à être tuée par les commissaires de police qui entrèrent dans la maison le pistolet au poing. Ils avaient si peu d'expérience à se servir de cette arme, que l'un d'eux laissa partir le coup, et se blessa à la main (168). Elle était exposée à être asphyxiée ou brûlée vive dans son réduit, derrière une plaque rouge ; elle était exposée à périr sous les décombres de la maison, que le préfet Maurice-Duval était décidé de faire abattre, si la princesse n'avait quitté sa cachette. Deutz a donc fait comme le mauvais pasteur de l'Evangile, qui déserte son poste au moment où la gueule du loup menace la brebis qu'il s'est chargé de garder. Mais au fait, peu importait à Simon le danger que courait une vie si précieuse, pourvu qu'il reçût le prix de sa trahison.

4° « Je stipulai avec le ministre de l'intérieur,

qui se porta fort pour ses collègues, que Madame ne serait, sous aucun prétexte, livrée aux tribunaux;... que M. de Bourmont pourrait, sans être inquiété, quitter la Vendée et la France. » (Pamph. p. 42.)

On vient de voir que Simon se souciait fort peu du sort de Madame. Ce qu'il avance ici au sujet du Maréchal de Bourmont est également un grossier mensonge. Ce n'est, certes, pas la faute du traître, si le glorieux vainqueur d'Alger qui a délivré la chrétienté des dépradations des pirates d'Afrique, et doté la France d'un pays, ne gémit pas dans quelque prison, ou n'a pas subi un traitement plus dur encore. Au sortir d'un entretien avec cet illustre guerrier, il n'eut rien de plus pressé que d'aller dénoncer sa retraite au comte d'Erlon. Celui-ci répondit que cette arrestation pouvait donner l'éveil à Madame qu'il importait de tenir. Alors le Judas recourut à toutes sortes de ruses pour engager M. de Bourmont à se trouver chez S. A. R. à l'audience du 6 novembre, afin de le *livrer en même temps*. Il voulait faire d'une pierre deux coups, le pauvre homme. Que voulez-vous? Il en espérait une plus grosse gratification.

5° « Pour me rendre odieux, pour me marquer au front du stygmate de l'infamie, elles (les feuilles de la légitimité) ont imprimé et colporté le *mensonge* (169). Elles ont dit et répété que Ma-

DAME avait en moi toute sa confiance. » (p. 61.)

Plus haut (p. 55) Deutz vient de rapporter ces paroles de MADAME au sujet d'une lettre adressée à S. A. R. lettre qu'il avait décachetée croyant, à ce qu'il dit, qu'elle était pour lui :

« Je n'ai pas, me dit-elle, de secrets pour vous je vais lire cette lettre en votre présence. » *N'avoir pas de secrets pour quelqu'un*, c'est, en France, *avoir toute sa confiance en lui*. En Prusse, pays de Deutz, c'est peut-être différent.

6° « ENNEMI DE LA LÉGITIMITÉ, les feuilles de la légitimité devaient me traiter en ennemi. » (p. 61).

« MON DÉVOUMENT AU TRÔNE DE JUILLET. » (*Ibid.*)

Pour apprécier au juste cette INIMITIÉ et ce DÉVOUMENT, on n'a qu'à relire ce que j'en ai eu occasion de dire plus haut p. 151. Conférez aussi la lettre n° 23 des pièces déposées, rapportées plus haut, p. 149, ainsi que mes réflexions sur sa conduite, p. 161 et suiv.

7° « Je ne connais la restauration que par ses persécutions religieuses contre ma famille et moi. » (Pamph. p. 14.)

Deutz qui dénature à plaisir les faits les mieux connus, qualifie de *persécutions* les poursuites du grave délit d'enlèvement d'enfans mineurs; puis, faisant un pas de plus, ces *persécutions* qui étaient purement civiles tout aussi bien que celles dirigées contre Lacenaire et Fieschi, il les change en *persécutions religieuses !!!*

C'est à cette *querelle d'Allemand*, que nous devons aussi le passage suivant :

8° Jusque là (en 1827) aucun évènement politique n'était venu traverser ces 25 années de ma vie, dont la monotonie n'avait été rompue que par quelques sourdes *persécutions de l'intolérance et quelques obscures menées de la police contre mon culte et mes co-réligionnaires.*

En effet la restauration a poussé la fureur de l'*intolérance* et de la *persécution religieuse* jusqu'à accorder aux juifs des grâces qui leur avaient été refusées sous Napoléon auquel cependant ils prodiguaient les flagorneries les plus outrées que fournissent les langues orientales. Ce n'est qu'après le rétablissement de nos Bourbons sur le trône des lys que les chefs Israélites obtinrent d'être admis à l'audience du Souverain (170) Louis XVIII, par l'ordonnance du 29 juin 1819, autorisa les juifs de Paris à bâtir une synagogue dans la capitale. Sous Napoléon ils n'y avaient pour *grand temple* qu'une salle de danse dans la rue St. Avoye, et pour succursale une autre salle dans la rue du Chaume (171). Des membres du consistoire obtinrent des décorations. Le rabbin Deutz, père de notre Simon, fut naturalisé français, etc., etc. Voilà, il faut l'avouer, de cruelles persécutions religieuses; et comme la famille Deutz en a eu sa part, on conçoit avec quel plaisir Simon a dû profiter de l'occasion de tirer vengeance des *féroces* Bourbons de la race aînée.

9° « Le Préfet venait de recevoir une dépêche du ministre : elle lui annonçait que j'avais été TRA-HI par un lieutenant-général, auquel j'avais eu l'imprudence de me confier. » (p. 47).

« Je crus un instant que M. Thiers avait été bien informé, et que j'étais TRAHI. » (*Ibid.*)

Comment trouvez-vous cela? Deutz qui se plaint d'avoir été TRAHI! Serait-ce parce qu'il s'était confié à ce lieutenant-général? mais la duchesse de Berri s'était bien autrement confiée à lui, Deutz. Dans ce cas-là, je ne vois pas pourquoi on ne dirait pas qu'un *voleur* a été *volé*, toutes les fois que quelqu'un de la maison, connaissant ses projets, ferme soigneusement la porte devant lui.

10. « *Conseiller* et *ami* de plusieurs têtes couronnées. » (p. 41).

En vérité, si Deutz ne l'avait dit, on n'aurait jamais deviné cela. Il ne lui reste qu'à nous apprendre qu'elles sont ces heureuses *têtes couronnées* à qui le ciel a accordé un pareil *ami* et *conseiller*. Jusqu'ici personne de tous ceux qui connaissent bien toute la vie de Deutz n'a pu le deviner.

Je pourrais encore relever une infinité d'impostures de Simon Deutz, mais il est temps de finir cette brochure. D'ailleurs on a vu suffisamment ce que valent les assertions de cet homme.

Lecteur, ma récapitulation ne sera pas longue. Vous connaissez maintenant l'éducation, la vie, le caractère, les penchans de l'apostat prussien, qui a trahi lâchement une princesse française; et déjà vous avez prononcé sur le véritable motif de sa trahison, sur le but et la valeur de ses noires calomnies et de ses grossiers mensonges.

Dieu vous préserve d'être jamais en contact avec un être semblable !

Je joindrai à mon ouvrage les deux pièces suivantes que les journaux, dans le temps, ne donnèrent que tronquées.

LETTRE

Adressée à divers journaux de Paris par le chevalier L.-B.-B. DRACH *au sujet de* SIMON DEUTZ, *baptisé sous le le nom d'*HYACINTHE DEUTZ.

Rome, 29 novembre 1832.

MONSIEUR LE RÉDACTEUR,

Plusieurs journaux, en entretenant le public de l'homme qui a livré Mad. la Duchesse de Berry, assurent qu'il est mon beau-frère, et que c'est moi qui l'ai présenté à S.A.R. lors de son passage à Rome. Permettez, Monsieur, que par la voie de votre estimable feuille, je rectifie les erreurs contenues dans cette double assertion, ainsi que d'autres inexactitudes répandues par certaines feuilles, peut-être à dessein.

Hyacinthe Deutz qui avant son baptême s'appelait *Simon Deutz*, appartient à une famille allemande établie à Paris, laquelle a *divorcé* avec moi depuis dix ans, *uniquement* et *précisément* à cause de la *différence des principes* que nous professons. Cette séparation est bien complète, puisque la sœur du malheureux Hyacinthe a étouffé dans son âme, à l'égard de mes enfans, en bas âge tous les sentimens de tendresse maternelle dont la Royale captive est une touchante et à jamais mémorable martyre.

L'individu dont je n'ose mettre le nom désormais flétri, à côté de celui de MADAME, ne s'est jamais trouvé à Rome en même temps que l'auguste mère de HENRI. Je vais tracer en peu de lignes sa conduite depuis son premier départ de Paris pour *donner son nom au Christ* à Rome, jusqu'à son retour dans la capitale. Oh! comme il y est revenu changé! L'histoire fournit encore ici un exemple effrayant de cette vérité annoncée par l'écriture : *un abîme appelle un autre abîme* (Ps. XLI. 8.). Né avec un esprit turbulent et inquiet, ce malheureux jeune homme, ainsi que je l'ai rapporté dans la *Relation de sa conversion*, était long-temps agité par des troubles extrêmes, dus à son indécision sur les plus terribles vérités de la religion. Le judaïsme, de son propre aveu, ne lui offrit aucune consolation, et était incapable de rendre le calme à une âme devenue le misérable jouet de tempêtes intérieures.

Sa première jeunesse, encore de son propre aveu, avait été des plus orageuses. C'est dans ces circonstances que, *sans l'instigation d'aucun homme*, il tourna ses regards vers la religion catholique. Pour éviter les contrariétés qui attendent les Israélites qui se convertissent, il se rendit dans la capitale du monde chrétien, où il reçut le baptême le 3 Février 1828. MADAME *n'a été sa marraine en aucune manière* S. A. R. ignorait probablement jusqu'à son existence, laquelle, hélas! ne lui a été que trop révélée depuis.

La conversion du néophyte était certainement sincère, témoin la lettre qu'il écrivit en cette occassion à son vieux père, qu'il aimait passionnément, et qui devait en avoir le cœur navré. « Me
« voilà catholique, lui écrivit-il, grâce à Dieu,
« depuis quatre jours. Il était temps; j'étais
« tombé jusqu'au fond de l'abîme de l'incrédulité;
« car ainsi que tu me l'as dit souvent, très cher
« père qu'est-ce qu'un Dieu à qui tous les cultes
« seraient indifférens? Qu'est-ce qu'une religion qui n'admettrait pas les peines et les récompenses de l'autre vie? Oui, il était temps,
« car les eaux avaient pénétré jusqu'à mon âme
« (Ps. LXVIII. 2.) Maintenant je suis si calme, si
« content! Je ne l'étais pas depuis long-temps,
« comme tu le sais toi-même. Que Dieu daigne
« me continuer cette grâce! Ma jeunesse a été,

« hélas! une des plus orageuses. Je te disais sou-
« vent que notre religion ne m'offrait aucune
« consolation ; parce que mon cœur éprouvait le
« besoin d'un culte d'amour ».

Ce langage ne saurait être que celui d'un vrai converti.

Mais bientôt après dominé par des passions impétueuses que peut-être jamais il ne s'était pas appliqué à combattre, Hyacinthe mit en oubli les promesses qu'il venait de faire à cette Sainte Religion qui a pour principaux ennemis *les sept péchés capitaux*. Le démon qui avait quitté la place, y rentra *avec ses sept compagnons* dans toute la rigueur de l'expression. Dès ce moment la catholicité de Deutz devint, plus qu'équivoque à Rome, et partout où il se présentait. Quiconque a étudié tant soit peu le cœur humain, n'en sera pas étonné. Hyacinthe soulevait des doutes sur les vérités les plus importantes de notre Religion, et, bien entendu, les résolvait selon l'intérêt de ses penchans dépravés.

Incapable de s'occuper utilement, ne songeant qu'à se procurer de nouvelles jouissances, il faisait incessamment des excursions dans les différentes villes d'Italie. Cette source de distractions étant épuisée, il alla voyager en Amérique dans l'été de 1830. Le nouveau monde ne tarda pas à devenir à son tour trop étroit pour les courses vagabondes du moderne *juif errant*, et il revint en Europe. Il aborda l'hiver dernier à Londres où il gagna la confiance des français royalistes qui s'y trouvaient. Ils lui procurèrent la faveur d'accompagner jusqu'aux frontières de l'Italie la famille d'une de nos grandes illustrations. Car l'être qui vient d'attacher à son nom une triste célébrité, possédait à un haut degré le dangereux talent de s'insinuer dans les esprits, et *d'emporter d'assaut*, c'est bien le terme, la confiance des personnes les plus expérimentées.

Notre *court le monde*, que l'on me passe cette expression, prit sa route par Massa où déjà connu par un parent de ses illustres compagnons de voyage, il obtint l'honneur d'être présenté à Mad. la duchesse de Berri, et s'arrêta quelque temps dans cette ville. Il se lia avec des personnes attachées à la princesse, et promit de servir la cause de la branche aînée. De là le *mouvement perpétuel* le poussa jusqu'à Rome *où je le revis pour la première fois depuis son baptême.*

Il n'est donc pas vrai que c'est moi, qui l'ai présenté à la princesse, bien que dans l'occasion je l'eusse fait sans difficulté, parce qu'il ne me serait jamais venu dans l'idée de supposer à un homme quelconque l'horrible projet de s'emparer de la confiance de S. A. R. afin de la trahir plus sûrement.

De Rome Hyacinthe *courut* en Espagne, et en Portugal, passant une seconde fois par Massa, puis il traversa de nouveau l'Espagne, et dirigea ses pas errans vers la France où il a dû arriver dans la seconde moitié d'octobre. Sa conduite à Nantes est déjà du domaine de l'histoire : c'est un de ces faits que chaque génération se hâte de transmettre à la suivante comme si elle était pressée d'en soulager sa mémoire.

Hyacinthe Deutz n'est pas né à *Cologne* mais à *Coblentz* dans la Pruse rhénane. C'est en qualité d'étranger que par décision du tribunal de la Seine il a été exempté, ainsi que son frère aîné, de la loi de la conscription. Il n'a jamais eu d'oncle à Rome. Son père demeure à Paris : par respect pour ses cheveux blancs je ne le désignerai pas par sa qualité. Les journaux ont omis de dire que Deutz est myope, et qu'il porte des lunettes. Pour ses mains, personne au monde ne pourra plus les trouver belles (172).

Je déclare ici, en face de l'Europe, que dans mon opinion le malheureux Deutz était loyalement attaché aux intérêts de Mad. la duchesse de Berry. La franchise avec laquelle il ne craignait pas dans ces derniers temps de se prononcer contre sa nouvelle religion, m'autorise à croire qu'il n'y avait aucune feinte dans ses protestations de royalisme ! Ah ! s'il était resté fidèle à cette sainte religion, il ne consumerait pas le reste de ses jours sous le poids de l'exécration des hommes de tous les partis, et dans les remords qui portèrent l'Iscariote au dernier désespoir. Mais avide de plaisir, son principal et unique dessein a toujours été de *faire fortune*. Il disait à qui voulait l'entendre : *je ferai fortune ou j'y périrai*. S'il avait pu *faire fortune* d'une manière honnête, il ne serait pas devenu ce qu'il est à présent. Son excessive ardeur de s'enrichir n'a pu résister à l'appât des sommes qu'on dit lui avoir été offertes, la grande princesse fût lâchement sacrifiée !

> Quid non mortalia pectora cogis
> Auri sacra fames !

Ce n'est donc, selon moi, qu'après son arrivée en France que *Satan entra dans ce nouveau Judas*. Ah ! le malheureux Hyacinthe est bien à plaindre, oui, bien à plaindre ! La seule infinie miséricorde de Dieu peut remettre son forfait ; et sans doute, la magnanime Caroline de Berri qui a demandé la grâce de deux hommes qui avaient attenté à sa vie, prie aussi pour celui qui lui a fait mille fois plus de mal que de l'assassiner.

Je me flatte que le gouvernement actuel ne blâmera pas en moi les sentimens exprimés dans cette lettre. La gratitude inspirée par les anciens bienfaits d'une grandeur abaissée, est trop sacrée pour avoir besoin d'apologie. Oui, je reconnais que je serai éternellement fidèle aux sentimens, que j'ai voués à l'auguste famille qui ne m'a connu que pour me faire du bien. Né et élevé sur le sol sacré de notre belle France, je porte un cœur qui a le battement français.

Et vous, mes chers frères selon la chair, qui êtes inscrits dans la milice du Christ, ou pour qui l'heure de la grâce est près de sonner, réjouissez-vous ; la croix que nous prenons à la suite de *l'homme de douleur* est devenue en cette circonstance plus pesante de tout le poids du mépris du monde. Un homme qui s'est introduit dans nos rangs a forfait à l'honneur, et déjà j'entends répéter de toutes parts comme un opprobe, le nom de juif. Réjouissons-nous ; méprisés pour l'amour de Jésus-Christ on ne nous accusera pas de chercher dans la fontaine baptismale les richesses et les honneurs. Toutefois que dis-je ? La qualification de *juif* n'est un titre de proscription que pour ceux qui reçoivent sur la tête le sang de N. Seigneur en pluie de malédiction. Mais nous qui acceptons ce sang précieux comme *la source du salut*, si l'on prétend nous injurier ainsi, nous répondrons avec une sainte dignité : « Oui, « je suis juif, ou plutôt *vrai Israélite*, et je m'en « glorifie ; car à ce titre, j'ai une commune ex-« traction avec mon Rédempteur et le vôtre. » D'ailleurs quel homme juste a jamais pris à partie le sacré collége des Apôtres parce qu'il s'y est trouvé un traître ?

Quant à moi, mes frères, rien ne m'arrêtera

dans la tâche de vous montrer la véritable foi de nos ancêtres. J'ignore ce que la Providence me réserve de la part de ceux qui m'ont fait des menaces atroces. Mais quand on ne tient pas à la terre on ne craint pas de la laisser. Il y a longtemps que le calice d'amertume ne quitte plus mes lèvres. Je désire la dissolution de cette *habitation incommode (terrestris domus nostra)*, afin que mon âme s'envole dans le sein de son époux céleste : *desiderium habens dissolvi et esse cum Christo*. Oh! que je serais heureux de verser jusqu'à la dernière goutte de mon sang pour le divin Messie qui a le premier versé tout le sien pour moi ! Et en rendant le dernier soupir je prierai encore pour mes persécuteurs, et je les aimerai.

PAUL-LOUIS-BERNARD DRACH,
Rabbin converti.

LETTRE

De M. le chevalier P.-L.-B. DRACH, *à* S. A. R. MADAME, *à la citadelle de Blaye.*

(Cette lettre, envoyée au ministre de la justice, n'a pas été transmise à la princesse.)

MADAME,

L'Europe entière a frémi d'indignation à la nouvelle de l'horrible trahison dont s'est rendu coupable l'individu qui n'a pas craint de renouveler, de point en point, le rôle affreux de Judas. J'en ai été consterné plus que tout autre bon Français ; V. A. R. avait été dans d'autres temps ma bienfaitrice, et celui qui l'a traîtreusement livrée se dit mon parent.

L'homme qui est devenu l'exécration de tous les siècles, n'a jamais connu l'honneur et encore moins l'esprit de la religion qu'il prétendait professer. Il appartient à une famille qui s'est séparée de moi depuis longues années, brisant tous les liens de la nature, parcequ'elle déteste les principes de l'Évangile. Je vais renoncer juridiquement à toute succession qui pourra m'écheoir du chef de cette famille : l'argent qui vient de l'enrichir me fait horreur.

Madame, nés sur le beau sol de la France, nous sommes animés, mes enfans et moi, de tous les sentimens qui honorent notre glorieuse patrie ; nous donnerions avec joie jusqu'à la dernière goutte de notre sang, s'il pouvait contribuer à soulager la position de notre auguste Protectrice.

A L'HOMME QUI A LIVRÉ UNE FEMME.

PAR VICTOR HUGO.

O honte! ce n'est pas seulement cette femme,
Sacrée alors pour tous, faible cœur, mais grande âme,
Mais c'est lui, c'est son nom dans l'avenir maudit,
Ce sont les cheveux blancs de son père interdit,
C'est la pudeur publique en face regardée
Tandis qu'il s'accouplait à son infâme idée,
C'est l'honneur, c'est la foi, la pitié, le serment,
Voilà ce que ce Juif a vendu lâchement!

Juif! les impurs traitans à qui l'on vend son âme
Attendront bien long-temps avant qu'un plus infâme
Vienne réclamer d'eux, dans quelques jours d'effroi,
Le fond du sac plein d'or qu'on fit vomir sur toi!

Ce n'est pas même un Juif! c'est un païen immonde,
Un renégat, l'opprobre et le rebut du monde,
Un fétide apostat, un oblique étranger
Qui nous donne du moins le bonheur de songer
Qu'après tant de revers et de guerres civiles,
Il n'est pas un bandit écumé dans nos villes,
Pas un forçat hideux blanchi dans les prisons,
Qui veuille mordre en France au pain des trahisons!
Rien ne te disait donc dans l'âme, ô misérable!
Que la proscription est toujours vénérable,
Qu'on ne bat pas le sein qui nous donna son lait,
Qu'une fille des Rois dont on fut le valet
Ne se met point en vente au fond d'un autre infâme
Et que n'étant plus Reine, elle était encore femme!

Rentre dans l'ombre où sont tous les monstres flétris
Qui, depuis quarante ans bavent sur nos débris!

Rentre dans le cloaque! et que jamais ta tête
Dans un jour de malheur ou dans un jour de fête,
Ne songe à reparaître au soleil des vivans!
Qu'ainsi qu'une fumée abandonnée aux vents,
Infecte, et dont chacun se détourne au passage,
Ta vie erre au hasard de rivage en rivage!

Et tais-toi! que veux-tu balbutier encor?
Dis, n'as-tu pas vendu l'honneur, le vrai trésor?
Garde tous les soufflets entassés sur ta joues.
Que fait l'excuse au crime et le fard sur la boue!

Sans qu'un ami t'abrite à l'ombre de son toit,
Marche, autre Juif errant! marche avec l'or qu'on voit
Luire à travers les doigts de tes mains mal fermées!
Tous les biens de ce monde en grappes parfumées
Pendent sur ton chemin, car le riche ici bas
A tout, hormis l'honneur qui ne s'achète pas!
Hâte-toi de jouir, maudit! et sans relâche
Marche! et qu'en te voyant on dise : c'est ce lâche!
Marche! et que le remords soit ton seul compagnon!
Marche! sans rien pouvoir arracher de ton nom!
Car le mépris public, ombre de la bassesse,
Croît d'année en année et repousse sans cesse,
Et va s'épaississant sur les traîtres pervers
Comme la feuille au front des sapins toujours verts!
Et quand la tombe un jour, cette embûche profonde
Qui s'ouvre tout-à-coup sous les choses du monde
Te fera, d'épouvante et d'horreur agité,
Passer de cette vie à la réalité,
La réalité sombre, et cruelle, immobile!
Quand d'instant en instant plus seul et plus débile,
Tu te cramponneras envain à ton trésor;
Quand la mort t'acostant couché sur des tas d'or,
Videra brusquement ta main crispée et pleine

Comme une main d'enfant qu'un homme ouvre sans peine,
Alors, dans cet abîme où tout traître descend,
L'un roulé dans la fange et l'autre teint de sang,
Tu tomberas, perdu sur la fatale grève,
Que Dante-Aligheri vit avec l'œil du rêve !
Tu tomberas damné, désespéré, banni !
Afin que ton forfait ne soit pas impuni,
Et que ton âme, errante au milieu de ces âmes,
Y soit la plus abjecte entre les plus infâmes !
Et lorsqu'ils te verront paraître au milieu d'eux,
Ces fourbes dont l'histoire inscrit les noms hideux,
Que l'or tenta jadis, mais à qui, d'âge en âge,
Chaque peuple en passant vient cracher au visage,
Tous ceux, les plus obscurs comme les plus fameux,
Qui portent sur leurs lèvres un baiser vénimeux,
Judas qui vend son Dieu, Leclerc qui vend sa ville,
Groupe au louche regard, engeance ingrate et vile,
Tous en foule accourront joyeux sur ton chemin,
Et Louvel indigné repoussera ta main !

NOTES.

(*a*) Epigraphe du pamphlet de Deutz, tirée de l'Enéide IIX. 27. Jamais épigraphe ne fut choisie plus maladroitement ; car le poëte, pour compléter le sens, ajoute dans le vers suivant : *mea frans omnis*. Cela peut se traduire : « C'est moi, moi-même qui suis le coupable. Cette TRAHISON *m'appartient toute entière*. »

(*b*) Une dame a exprimé avec bonheur, dans les vers suivans, le jugement que le public porte de la dégoûtante publication de Deutz. Voici ce qu'on lisait dans plusieurs journaux :

« L'ignoble pamphlet de Deutz a inspiré à une femme les vers suivans :

« Il a donc reparu l'infâme
« A qui Judas légua son âme !
« Que veut-il ? Ce pouvoir dont il fut le soutien
« Croit en vain l'arracher à son ignominie.
« Son pays le rejette et son Dieu le renie :
« Il n'est ni Français ni chrétien. »

(*c*) Les *policiers* mêmes, en parlant de Deutz à Nantes, disaient . « C'est tout de même une f.....e canaille ! » Les officiers indignés de sa lâche conduite, brûlaient de *flanquer* au traître un fière *cravachade*. Et qu'est-ce qui les en empêcha ? la crainte d'*humilier leurs chevaux* ! C'est que rien ne répugne tant au caractère français que la trahison. Qu'on se figure maintenant l'impression que fit à Nantes même celle de Deutz, accompagnée de circonstances si odieuses, et lorsqu'elle était encore *toute chaude* !

On prétend que ce misérable, après le *service* qu'il dit *avoir rendu au pays*, c'est-à-dire à la France qui *n'est point son pays*, demanda à être présenté à Louis-Philippe et à sa famille. Ne dirait-on pas un maréchal de France, revenant d'une campagne glorieuse ? L'étiquette de la cour citoyenne n'est certes pas rigoureuse, toute fois son élasticité n'a pu aller jusqu'à faire paraître le méprisable Judas devant une famille de Bourbons, devant des princes proches parens de son auguste victime. Celui qui pour une somme a vendu la Duchesse de Berry, étant à son service et rétribué comme tel, pour une autre somme vendrait Louis-Philippe à la république, et M. Thiers par-dessus le marché.

(*d*) Voyez son libelle, à la page 73.

(*e*) Ibid. p. 72, le traître ose dire : « Il est temps que la France connaisse Deutz, tel que l'on fait la nature, les évènemens et ses passions.

(*f*) Voyez la note précédente.

(*g*) Les originaux de ces lettres, ainsi que ceux des autres pièces citées ou transcrites dans la présente brochure, resteront déposés pendant six mois au bureau du Moniteur de la Religion. Ils seront indiqués de la manière suivante : (voir pièces déposées n°...)

(*h*) M. Maurice-Duval essuie le même affront, (voir le pamphlet là même). Ce préfet n'a que ce qu'il mérite. Il a eu l'impertinence de ne pas se découvrir devant l'auguste prisonnière, et voilà qu'après trois ans la Providence lui envoie l'humiliation d'être encensé des mains impures du traître qui lui avait livré la princesse.

Rarò antecedentem scelestem
Deseruit pede pœna claudo.

(*i*) Simon à peine arrivé à Paris, de son expédition de

Nantes, s'adressa pour cet objet à M. Crémieux, son ancien co-réligionnaire. L'avocat juif, indigné alors comme tout le monde de la vile conduite du traître, lui écrivit une lettre *ab irato* pour lui déclarer qu'il n'était point disposé à lui prostituer son beau talent. Cette lettre, insérée de suite dans les journaux, fit honneur au caractère du célèbre avocat.

A la même époque M. Victor Hugo, imprima sur le front de Deutz [un *stigmate immortel*; en lui adressant celui de ses chants du crépuscule qui a pour titre : *A l'homme qui a livré une femme*. La pièce entière se trouve à la fin de cette brochure.

(j) M. Drach avait écrit une lettre fort touchante à sa femme, et lui fit parler en même temps par un catholique de Londres, pour l'engager à retourner auprès de son mari et de ses enfans. Ce fut la centième invitation de cette nature. Le vieux Deutz, craignant que sa malheureuse fille ne prêtât enfin l'oreille à la voix de la nature et de son devoir, écrivit cette lettre comminatoire à M. Drach. Il se flattait de le forcer par la peur à renoncer à sa femme. M. Drach, depuis, y a renoncé définitivement, mais, hélas! pour d'autres motifs...

Simon Deutz, s'est permis de publier une lettre écrite en français par un prélat portugais, pour le ridiculiser. Un Portugais peut être très savant, comme l'est effectivement ce prélat, et ne pas être versé dans notre langue. D'ailleurs le caractère, toujours mieux connu de notre héros de Nantes, donne lieu au légitime soupçon d'altération notables de sa part, si toutefois la lettre même n'est pas une invention. Quoi qu'il en soit, je vais de mon côté mettre sous les yeux des amateurs de la littérature allemande, la missive de son digne père écrite dans la langue des *Klopstock* et des *Shiller*. Ce grand rabbin ALLEMAND, ignore la gram-

- maire, l'ortographe, et jusqu'aux termes de sa propre langue qu'il prononce comme le plus bas vulgaire de Coblentz. A cette pièce curieuse je joindrai la suscription. Les seuls deux mots français qui s'y rencontrent, suffisent pour donner une idée de ses progrès dans l'étude de notre langue depuis bientôt TRENTE ANS qu'il demeure à Paris! Quand à l'italien de cette suscription, il avait un modèle sous les yeux, et l'on voit avec quelle maladresse il l'a copié.

Billet en langue allemande, *écrit par un Allemand, premier docteur des Israélites de France :* (Voir pièces déposées n° 28.)

« Jhr bleibt *immr* der alte Drach, *turmantirt sorlche* welchessihr *ungliklieh gmacht* HET.

Seyt wissen : *wen* ihr nicht nachlast, bin ich *resalvirt* euer ganzes Betragen, wie euch euer *Kruspendeuz trukn* zu *lasn.* »

Suscription :

Al : nobl : uomo sig^r cavalière P : P · B : Drach S S : Apostoli

à

Poste payé.   Roma.

Traduction :

« Vous restez toujours l'ancien Drach. Vous tourmentez la *petite Sara* que vous avez rendue malheureuse.

« Sachez que si vous ne finissez pas, je suis *résolu de faire imprimer* toute votre conduite, comme aussi votre correspondance. »

(Note explicative. La *petite Sara* est une pauvre petite innocente de *quarante* ans, de la taille d'un tambour major de la vieille garde, épouse traitable comme Xantippe, mère tendre comme Médée. On en verra quelque chose dans le chapitre *IV* de cette brochure. En un mot, c'est la *sœur de prédilection de Simon Deutz !*)

M. Drach répondit que ce n'était pas *tourmenter* la *petite Sara*, que de la solliciter à rentrer dans la maison conjugale où l'attendaient la tendresse de son mari et l'amour de ses enfans ; qu'au surplus il n'avait rien à craindre ni de sa *conduite imprimée*, ni de ses lettres publiées.

Je ne finirai pas cette note sans renvoyer la balle à notre *Simon de Nantes*. Après s'être diverti aux dépens d'un Portugais à qui il était échappé quelques *lusitanismes* dans une lettre écrite en français *currente calamo*, il transcrit l'adresse portugaise de cette lettre : A ill.^{mo} JACINTO *Deutz*, et il l'a traduit ainsi : *Au* très *illustre* SIMON *Deutz*. Ce *Jacinte* traduit par *Simon*, revient au fameux mot à mot d'un écolier : Dixit, *le seigneur;* dominus *a dit;* domino, *à mon;* meo, *seigneur.*

Nous avons, du reste, dans les lettres de Simon, la preuve qu'il n'est pas ferré à glace lui-même sur le français. Pour ce défaut, personne ne le lui imputera à blâme. Prussien, il n'est pas plus obligé qu'un Portugais d'écrire notre langue aussi purement que Racine et Fénélon.

(1) Le premier grand-rabbin était M. David Sintzheim, du département du Bas-Rhin ; le second, M. Abraham Cologna, Italien. — *Deux* étrangers et *un* Français. Cela montre l'esprit national des juifs, alors déjà émancipés en France.

(2) Deutz sans faire mention de cette disposition de la loi dans l'état de l'Eglise, dit perfidement (p. 44) : « Je partis seul de Paris, sous le nom de *Hyacinthe de Gonzagues*, avec un ancien passe-port signé du cardinal Bernetti. Comme si le secrétaire était convenu avec lui de lui donner un faux passe-port !

Voilà comment ce monstre marque sa reconnaissance envers Rome qui pendant plusieurs années l'a comblé de bienfaits!

1° Ce passe-port est parfaitement en règle, et conforme à la loi laquelle considérant la régénération spirituelle comme une véritable naissance, traitait Simon Deutz comme s'il était né à Rome de parens romains.

2° Deutz n'a jamais eu d'audience du Card. Bernetti, et n'a jamais parlé à cette illustre éminence. A la police de Rome, comme à celle de Paris, c'est un employé subalterne qui remplit les passe-ports dont il a un certain nombre en blanc, déjà signés du chef de l'administration.

(3) Voyez page I de l'ouvrage intitulé : *Procès-Verbal des séances de l'assemblée des députés français, professant la religion juive; imprimée d'après le manuscrit communiqué par M. le président.* A Paris, chez Desenne, libraire, Palais du Tribunat galerie de pierre, n° 2. 1806.

(4) Ibid. page 89.

(5) La même, page 3 de la seconde partie et suiv.

(6) Voyez le recueil de pièces concernant les juifs de Rhin-et-Moselle. Coblentz chez Herio. 1809. 1 vol. in-8°.

(7) Comment se fait-il que Deutz ignore *quel jour* du mois de janvier, il est né ? On ne comprend pas non plus pourquoi il ne sait pas au juste l'âge qu'il avait lors de sa translation à Paris. Il dit je n'avais encore que *sept* à *huit* ans. La vérité est qu'il avait *plus* de *huit* ans quand il vint à Paris.

(8) Voyez le décret impérial du 30 mai 1806.

(9) Voyez plus haut, note *d*, de l'avant-propos.

(10) Deutz avoue d'ailleurs que pour la rédaction de son pamphlet, il a fallu emprunter la plume d'un avocat.

(11) Pour dire : « Quand moi, Deutz, je partis de Paris pour me rendre à Rome. » Excusez du contre sens.

(12) Il est bon de prévenir le lecteur que nous copions fidèlement l'orthographe et la ponctuation des lettres de Deutz.

(13) L'administration n'a pas jugé nécessaire de remplacer le premier grand-rabbin, mort en 1813, ni le second grand-rabbin, retourné en Italie, sa patrie, en 1826. Le consistoire n'a plus que son troisième grand-rabbin.

(14) Rue Geoffroy-Langevin, n° 3.

(15) Quelques jours après son baptême Deutz écrivit à son père : « Me voilà catholique, grâce à Dieu. Il était « temps ! J'étais tombé jusqu'au fond de l'abîme; j'étais « membre d'un secte que l'on appelle improprement *Déiste*, « mais que l'on devrait appeler *athée*... Oui, il était temps, « car les eaux avaient pénétré jusqu'à mon âme.... Ma jeunesse a été, hélas ? extrêmement corrompue. »

Texte de la lettre originale. (On a mis entre deux parenthèses la traduction allemande des mots hébreux purs.)

« Bin ieh b'h (Gottlob) Katholik. Es war Zeit, ich war niederge » sunken. Ich war Mitglied einer sekte die man athée nennen sollte welche man aber unbilliger weise Deiste nennte... Ja es war Zeit *Ki bou mayim ad nephesch* (denn das Wasser est bisan die scele gedrun, gen)... Meine Jugend wur leider sehr verdorben.

(Voyez dans les pièces déposées le n° 13 en écriture hébraïque cursive.)

(16) M. Jacob Pazare, joaillier, membre du consistoire central, passait alors pour avoir une fortune de 50,000 francs de rente.

(17) *Avoir de la barbe*, veut dire parmi les ouvriers, *être ivre*.

(18) Composer.

(19) Deutz dit (page 6.) « J'entrai dans les ateliers de deux de nos plus habiles typographes : *ce travail m'occupa jusqu'en 1827.* » D'après cela vous croirez peut-être qu'il a travaillé *six*, *huit* ou *douze* ans chez ces deux typographes : détrompez-vous, cela se réduit à QUELQUES *semaines* chez M. Didot, et, après plusieurs années de flanages, à QUELQUES autres *semaines* en 1827, chez M. Cosson, ainsi que nous verrons plus bas.

(20) Je parle de l'excellente madame Deutz morte en 1823. Cette digne femme étoit la tendresse maternelle personnifiée.

(21) Je n'ai pas connu personnellement feu M. Baruch-Weil, mais je l'ai entendu toujours nommer avec éloge. M. Drach n'en parle qu'avec attendrissement, et conserve pour sa mémoire un profond sentiment d'estime et de reconnaissance. Il aime à le citer comme un excellent père, un homme bienfaisant, libéral envers les pauvres.

(22) Les parrains de M. Drach et de ses enfans appartiennent à une pieuse famille catholique qui l'avait ainsi honoré de sa confiance pendant plusieurs années. Voyez la première lettre d'un rabbin converti aux israélites ses frères, page 45.

(23) Deutz n'ignore pas l'ortographe du nom de M. Drach, on le voit par toutes ses lettres. Cependant dans sa brochure ce nom est toujours écrit Drack. Cela ne prouve-t-il pas que Simon n'a pas rédigé le libelle et qu'il n'en a pas même vu les épreuves ?

(24) Voyez à la fin de la présente brochure : lettre de M. le chevalier C. L. B. Drach à S. A. R. MADAME, détenue au château de Blaye.

(25) Voyez entre autres, première lettre d'un rabbin converti, page 46 ; et relation de la conversion de M. Hyacinthe Deutz, p. 28 et 29.

(25 *bis*) Je préviens encore une fois que je copie les lettres de Deutz exactement comme elles sont dans l'original des pièces déposées. Fautes de langue, orthographe, et jusqu'à la ponctuation, tout a été conservé fidèlement.

(26) Juif aussi fanatique que sale dans son extérieur Il soutient que M. Drach n'aurait pas déserté la synagogue s'il n'était possédé par le malin esprit : *dœmonium habet*

(27) Les grands rabbins qui sont à la tête de la nation Juive.

(28) Les rabbins, maîtres dans *l'art cabalistique*.

(29) Les journalistes ayant tronqué cette lettre, je la donne en entier à la fin de cette brochure.

(30) Plus haut, p. 63, il y a une variante ; *lâcheté* au lieu *d'impudeur!* Deutz criant à *la lâcheté*, à *l'impudeur!* rappelle ces filous qui crient *au voleur!*

(31) Voy. S. Matth., chap. 27, verset 8, et conférez le libelle de Deutz, p. 70.

(32) Le général Dermoncourt avait été induit en erreur lorsqu'il dit dans son livre *la Vendée et Madame*, p. 248, « Il (Deutz) eut pour parrain M. le baron Mortier... son beau-frère, Drach, recommandé par le baron Mortier à la duchesse de Berry, avait été nommé par elle bibliothécaire du duc de Bordeaux. »

M. Drach était en possession de cette place honorable long-temps avant qu'il fut question du baptême de Simon Deutz.

Le baron Mortier n'a pas été parrain de Deutz.

La duchesse de Berry ne nommait point aux places de la maison d'éducation de son auguste fils.

(33) Les deux lettres d'un rabbin converti aux israélites ses frères. La troisième n'a paru qu'à Rome en 1833.

(34) Il est dit dans l'évangile de S. Luc, XXII, 3. « Or Satan entra dans Judas, surnommé l'*Iscariote.* » *Iscoblentz* signifie l'*homme de Coblentz*, comme *Iscariote*, surnom de l'autre Judas, signifie l'*homme de Cariote.*

(35) Un jour surtout M. Drach ne pouvant obtenir aucune réponse à la demande qu'il était allé faire, *si aucun de ses chers enfans n'a souffert des accidens si commun en route,* tomba par le vif chagrin qu'il ressentit dans un état difficile à décrire. Le vieux rabbin le regarda d'un œil sec étendu par terre livré à de violentes convulsions.

(36) C'est à la suite de ces nouvelles persécutions que M. Drach laissa son domicile, rue des Singes, n. 3, et alla s'établir dans l'appartement que feu M. l'abbé Desjardins lui donna aux missions étrangères.

(37) En 1830, M. Drach redemanda cette lettre au parquet du département de la Seine. Il eut la réponse suivante, (voy. p. dép. n. 35.)

« Paris, 28 mai 1830. Monsieur, j'ai reçu et examiné les diverses demandes que vous m'avez adressées pour obtenir la remise de la lettre de votre épouse, que vous avez déposée en 1823, par suite de votre plainte contre Madame Drach.

« Cette lettre est restée jointe aux dossier comme *pièce à conviction*. Les motifs sur lesquels votre demande est basée ne me paraissent pas suffisans pour l'accueillir. Recevez Monsieur, l'assurance de ma parfaite considération. Pour le procureur du roi, Perrot de Chezelles, substitut.

« M. Drach, bibliothécaire de S. A. R. Monseigneur le duc de Bordeaux, à la Sorbonne. »

(38) Voir le mémorial catholique du mois de mars 1826 : *renseignemens relatifs à la persécution dont M. Drach rabbin converti, a été l'objet.* Je n'ai qu'une circonstance à y rectifier, M. Drach apprit la retraite de ses enfans en même temps qu'il eut de leurs nouvelles pour la première fois.

(39) Cet estimable ecclésiastique est différent de celui à qui M. Drach avait écrit de Mayence.

(40) Il est à remarquer que c'est un *samedi* que les juifs réussirent à enlever les enfans de M. Drach, le 19 avril 1823, et que c'est un *dimanche* que M. Drach réussit à les reprendre, le 7 novembre 1824.

(41) Will you take a ride in a coach ? — Yes, papa ! oh, yes ! Les enfans ne parlaient plus que l'anglais. On leur avait défendu de parler français pour le leur faire oublier.

(42) L'imposteur dit, page 68, « cet *enlèvement* avait été prémédité dans l'ombre, Drack, *en les trompant*, était parvenu à mettre dans ses intérêts.......... et M. le prince de Polignac. »

(43) *Lorsque Israël fut délivré de la captivité d'Égypte,* psaume 113.

(44) Le porteur du billet n'ayant pas trouvé M. Drach à la Sorbonne, Deutz y alla de sa personne.

(45) Selon la chair et en Jésus-Christ.

(46) Alors un des commissaires de police de la capitale.

(47) Simon qui avait voulu faire le beau monsieur dans le voyage, avait usé les bons habits que M. Drach lui avait donnés à Paris, en les portant même dans les voitures.

(48) Dans les notes qui m'ont été envoyées, il n'y a aucune explication sur la nature de cette entreprise.

(49) C'est à dire, avec les créanciers.

(50) La portière de la maison du rabbin Deutz.

(51) Le rabbin Deutz, s'était tellement aliéné l'esprit de ses administrés, qu'ils refusèrent de payer les 2,400 fr. qui lui étaient dûs pour son traitement, lors de son départ de Coblentz pour aller s'établir à Paris. Il envoya sa fille solliciter les autorités chrétiennes contre les juifs. Et après avoir séjourné trois ans en Allemagne, elle revint à Paris, la bourse vide d'argent, et la tête pleine de romantisme et de philosophisme.

(52) Le Talmud fait un péché aux femmes juives de laisser voir les cheveux du moment qu'elles sont mariées. Les rabbins enseignent qu'elles commettraient le même péché en portant de faux cheveux ou un tour de soie.

Sara Deutz mourait d'envie de porter au moins un tour; mais elle n'osait contrarier son père qui s'en serait offensé d'autant plus grièvement que la fille du grand rabbin devait l'exemple aux autres femmes israélites. Mais à peine cette fervente juive fut-elle hors de la barrière, pour fuir son mari devenu chrétien, qu'elle mit un tour. Depuis elle continue toujours de le porter.

(53) Qu'on se rappelle que les enfans de M. Drach étaient baptisés.

(54) Le baptême eut lieu le 29 mars, et elle s'enfuit le 19 avril.

(55) Après que le seigneur eut miraculeusement rendu à M. Drach ses enfans, il fit formellement le vœu de n'écrire plus pendant toute sa vie que dans l'intérêt de la religion. Depuis, il eut le bonheur de renouveler le même vœu aux pieds sacrés de N. S. P. Grégoire XVI.

(56) Voy. plus haut.

(57) Il y a environ dix ans, on courait sus aux juifs en

Allemagne et dans plusieurs pays du nord, au cri *heb! heb!*

(58) Ces trois signes d'exclamation, suivis de trois points, sont dans le libelle de Deutz.

(59) Avant de quitter Londres, M. Drach voulut écrire à Sara pour la rassurer sur le sort de ses enfans : *je ne sais que trop*, dit-il, *combien on souffre de la séparation de ses enfans.* Il mesurait un cœur de roche à son cœur si sensible. Mais un grand personnage lui fit observer qu'il était plus prudent d'écrire cette lettre à Douvres et de la jeter à la poste, au moment de son embarquement. Ce qu'il fit.

(60) M. Drach, arrivé à Paris écrivit à sa femme qu'il était prêt à lui donner des nouvelles de ses enfans, toutes les fois qu'elle en demanderait. Elle ne lui en a jamais voulu demander.

(61) Voy. deuxième lettre d'un rabbin converti, p. 9.

(62) En 1833, M. Drach fit le pélerinage de Lorrette, mesdemoiselles ses filles lui donnèrent leurs plus beaux bijoux pour les offrir de leur part à la vierge miraculeuse de ce lieu. L'aînée y joignit une lettre que je reproduis ici puisque des amis indiscrets l'ont déjà publiée dans plusieurs journaux de l'Italie.

A LA TRÈS-SAINTE ET IMMACULÉE VIERGE MARIE ;
Ma tendre mère,

Il est vrai que je suis indigne de vous écrire, car il s'en faut bien que j'aie répondu autant que je pouvais aux grâces que vous m'avez faites. C'est ce qui me rend coupable à vos yeux. Mais, ma bonne mère, si vous m'abandonnez à qui aurai-je recours ? Oubliez, je vous en supplie, toutes les peines que je vous ai causées, et obtenez-moi ces grâces que je vous demande.

La 1re est de me faire mourir de suite, si jamais je dois tomber dans un péché mortel.

La 2me est de convertir maman. O Marie, il y a bien long-temps que je vous le demande : exaucez-moi.

La 3me est que si Dieu, dans sa bonté infinie, m'appelle à être religieuse, je corresponde de tout mon pouvoir à la grandeur de ma vocation.

La 4me est que je garde mon scapulaire jusqu'au dernier soupir de ma vie, et que je meure une veille de l'Assomption.

Enfin Sainte Vierge, ma bonne mère, faite que cette lettre ne vous soit pas enlevée, et que dès qu'elle sera à vos pieds, je ressente en mon âme les effets que depuis si long-temps vous attendez de moi, et que de mon côté j'appelle de tous mes vœux, afin que croissant en sagesse, je sois véritablement *enfant de Marie*, et que je puisse me dire avec plus de confiance

Votre fille,
Marie-Clarisse Drach.

(63) M. Drach revenu à Paris, invita sa femme à venir le joindre, et dans tous les cas lui défendit expressément de continuer ses rapport avec des individus qu'il désigna. On devine comment mon pauvre ami fut obéi.

(64) Je joins aux pièces déposées, sous le n. 36, une des factures que M. Drach avait dans son portefeuille au moment de son départ précipité de Londres.

(65) Voy. première lettre d'un rabbin converti, p. 30.

(66) Voy. le *mémorial catholique* déjà cité.

(67) Ce passage est tiré de l'intéressante *relation de la conversion de M. H. Deutz*, publié en 1828 par M. Drach. Paris chez Paul Méquignon, rue des Saints-Pères. n. 16.

Je fais plusieurs emprunts à cette excellente brochure, laquelle, depuis la trahison et l'apostasie de Deutz, est devenue un précieux document historique.

(68) Voy. plus haut, chap. IV.

(69) Relation de la conversion de Deutz, p. 14 et suiv.

(70) Depuis, hélas! Deutz a rompu autant que cela dépendait de lui, ce nouveau lien.

(71) C'est toujours sur des bornes que Deutz s'est livré à ses méditations et ses lectures. Voy. plus haut chapitre III, page 13.

(72) Relation de la conversion, p. 19.

(73) Jésus, Marie, Joseph.

(74) Ce qui dans les lettres de Deutz se trouve entre deux crochets, est en hébreux, ou en hébréo-germain dans l'original.

(75) Le T. R. P. Ventura est un des écrivains les plus distingués de l'Italie, mais il n'a pas l'habitude d'écrire le français. Je prie donc le lecteur de ne pas s'arrêter aux italicismes ni aux fautes d'orthographes qui se trouvent dans sa lettre. J'ai cru devoir copier avec la plus scrupuleuse fidélité les pièces que je rapporte dans cette brochure.

(76) Le terme italien *ossequio*, formé du latin *obsequium*, *signifie soumission, obéissance*. Le bon gère croyait que nous avions le terme obsèque (au singulier) avec la même signification.

(77) Ces points sont dans l'original.

(78) Ces points sont dans l'original.

(79) *Amis* ou *connaissances*, est resté dans la plume.

(80) Relation de la conversion, p. 24 et suivantes.

(81) Lendemain de la purification.

(82) Toute cette lettre est dans l'original en hébréo-germain.

(83) La conversion du vieux Deutz que Simon, *alors*, appelait de tous ses vœux.

(84) Les juifs peu instruits mettent ordinairement dans leurs lettres N. B. au lieu de P. S.

(85) En 1828, le vent était au libéralisme, et la défection de la coterie était consommée.

(86) N. B. pour P. S.

(87) S. Jean VIII. 44, selon saint Épiphane, (hœr. 38), c'est de Judas que N. S. a voulu parler dans le discours rapporté en cet endroit. Je ne veux pas me faire plus savant que je ne suis, et encore moins me parer des plumes d'autrui. Cette application du texte expliqué par saint Epiphane appartient à M. Drach un des plus savans scripturistes de l'Europe.

(87) Voy. plus haut chap. III, p. 15.

(88) Ce qui précède dans le même paragraphe, mérite d'être rapporté ici.

« Depuis la publication de ma seconde lettre, le seigneur a fait éclater sur Israël la puissance de sa grâce. L'Eglise s'est réjouie comme une tendre mère, du retour d'un grand nombre des nôtres qui, par leur conversion, sont rentrés sous le toit paternel. Plusieurs de ces néophytes appartiennent à des familles distinguées, et se font remarquer par leur éducation et leurs talens. Quelques-uns d'entre eux ont pris rang dans le *sacerdoce selon l'ordre de Melchisedech;* d'autres, plus heureux encore, obéissant à la voix de l'ange du Seigneur, *ont mis leur âme en sûreté sur la montagne* (Gen. XIX) sacrée de la solitude, en fuyant un monde corrompu, sans jeter un regard en arrière sur la fortune, l'état, les parens qu'ils y abandonnaient (Ibid). Ils sont allés partager les austérités et les saints travaux de quelques ordres religieux. »

(89) Dans les ateliers d'imprimerie, les ouvriers appellent *singes* les compositeurs, et *ours* les imprimeurs à la presse.

(90) Nous avons rapporté plus haut, p. 52, que la propagande lui donnait 25 piastres par mois, à titres d'aumônes.

(91) Je rapporte plus bas des faits qui prouvent qu'on ne le vit pas avec plaisir retourner à Rome ; et que peu s'en fallait qu'on ne l'invitât à repartir promptement.

(92) Les néophytes, en général, ne sont pas vus de bon œil à Rome ; et il faut le dire avec raison, car plusieurs d'entre eux ont mal tourné.

M. Drach dans une lettre dont il m'a honoré, me paraît avoir indiqué les véritables causes de l'inefficacité de la conversion des néophytes en Italie. Mais ce n'est pas ici le lieu de traiter ce sujet. Au reste mon pieux ami a déposé ses observations, en forme de mémoire, aux pieds du suprême pasteur des âmes, l'immortel Grégoire XVI, une des plus grandes lumières de l'Eglise.

(93) Tous les lâches sont fanfarons. Les anciens amis de Deutz, car il n'en a plus, le plaisantaient toujours sur sa poltronnerie, ils ont dû bien rire si ces deux passages de sa brochure leurs sont tombés sous les yeux. « Mais *j'avais déjà bravé tant d'autres dangers*, que celui-là ne m'arrêta pas. » (p. 38.) Accoutumé *à mépriser le danger*, et à marcher la tête haute » (p. 43). Grand Dieu ! Deutz courageux ! Nous verrons cela quand les lièvres mettront en fuite les lions. Tout le monde sait combien Deutz a le droit de porter la tête haute... sur une potence.

(94) Depuis trois ans qu'il était à Rome, Deutz avait touché de sa pension 900 piastres. Joignez-y les aumônes considérables qu'il avait tirées dans cet espace de temps,

de plusieurs personnes, notamment du charitable duc Laval de Montmorency, son parrain, dont il faisait sa vache à lait, on peut affirmer sans craindre de tomber dans une exagération, que Deutz pendant son premier séjour à Rome, a reçu plus de 1,500 piastres, soit : f. 8,175. On a vu plus haut qu'il avait le logement gratis, et qu'il a dû dépenser fort peu pour sa nourriture, il ne s'est pas mis non plus en grands frais pour sa garde-robe, car il n'emporta pour tous bagages, qu'une valise maigre comme un pendu d'été. Qu'est devenue cette somme si considérable pour un sujet comme Deutz? Dieu le sait, et le diable peut-être aussi.

(95) Lettres initiales de *Ad majorum de dei gloriam* (à la plus grande gloire de Dieu), devise du bienheureux instituteur de la compagnie de Jésus.

(96) In Christo (en Jésus-Christ).

(97) Deutz fit une troisième demande, au défaut des deux autres, et qui les surpasse en extravagance ; celle de *voyager* moyennant une pension du saint-siège.

(98) L'évêque catholique, Fenwick.

(99) Il a reçu bien d'autres sommes de S. A. R., mais une *seule fois* il a donné quittance parce que l'argent lui a été compté par un banquier. Les autres sommes lui avaient été remises de la main à la main.

(100) Deutz dit dans son libelle, p. 16. « C'était un service de pure obligeance, et qui ne me détournait pas de ma route. »

A Londres pour obtenir d'être défrayé pendant le voyage, il appuyait beaucoup sur ce que la route que voulaient suivre ces dames, le détournait de celle qu'il avait intérêt de prendre, et il écrit à M. Drach dans sa lettre date de Cologne (voy. p. dép. n. 18) : « A Londres... J'ai fait la connaissance de madame la maréchale de Bourmont et j'ai *accepté* de l'accompagner jusqu'en Italie par *le Rhin*, *voyage bien désagréable dans cette saison*, *mais cette dame qui est avec ses deux demoiselles ne voulait pas passer par la France.* »

Ainsi pour obtenir des gages, il dit que *cela le détournait beaucoup par un chemin bien désagréable en hiver;* et pour faire accroire qu'il n'a rendu qu'un *service de pure complaisance*, il dit en démentant l'évidence, que ce chemin ne le détournait pas de sa route.

(101) Deutz s'était assez long-temps arrêté à Londres. Mais s'il avait écrit de cette ville à M. Drach, celui-ci n'aurait pas manqué de le charger de parler de sa part à sa sœur, et de tâcher de la ramener à d'autres sentimens. Deutz ne désirait nullement la conversion de sa sœur et encore moins sa réunion avec mari, et il aurait fallu répondre catégoriquement. Il attendit donc pour écrire à M. Drach qu'il fût parti de Londres. A Rome il osa soutenir à M. Drach qu'il n'avait pas vu Sara à Londres. M. Drach a entre les mains la preuve authentique qu'il mentait.

(102) Je recommande à l'étude des physionomistes le portrait de Deutz qui se trouve en tête de ce volume.

(103) Depuis le premier instant de sa conversion jusqu'à *l'affaire de Nantes*, même pendant ses *quelques momens lucides*, Deutz n'a vécu qu'au dépens d'autrui, s'asseyant sans façon, invité ou non, à toutes les tables tant soit peu accessibles pour lui, puisant dans toutes les bourses au fond desquelles il flairait des aumônes. *Jouir et ne pas travailler, c'est-là tout l'homme*, selon Simon Deutz. On a vu comme L. Drach s'était saigné pour donner 400 fr. à son lâche persécuteur, lorsque celui-ci partit pour Rome. Cette somme avait suffi à un grand nombre de personnes pour aller de Paris à la ville sainte. Pendant l'impression de la

présente feuille, j'apprends d'un homme fort respectable ; demeurant à Paris, que Deutz avant de se mettre en route, se présenta dans sa maison demandant *un secours* pour aller se faire baptiser dans la capitale de l'univers catholique. On lui jeta quelques pièces, presque à regret, car il n'inspirait aucune confiance : dans cette maison là on a le nez fin. A Lyon il empocha le plus dévotement du monde la somme pour laquelle son beau-frère lui avait donné un mandat. Il s'était logé, ou plutôt établi comme un garnisaire, dans l'hôtel où il devait toucher cet argent, bien que les maître du logis fussent absens, et qu'ils n'eussent laissé à la maison qu'une seule personne. (Voy. p. dép. n. 3.) Trois ou quatre jours après, il fit halte à Turin où il représenta son *état de dénument* à l'angélique comte de S... qui lui fit une grosse aumône. A Modène, autre halte où il frappa une contribution sur la piété de plusieurs bons chrétiens qui donnèrent aussi dans le panneau. Nous avons vu dans une note précédente, que les trois années de son premier séjour à Rome, n'ont été qu'une mendicité continue, et son dernier voyage à Rome, il ne resta pas le mains dans les poches. Il recueillit passablement d'aumônes dont une de DEUX CENT PIASTRES, qu'à force d'importunités il arracha à une main libérale. Il voulait aussi députer quelqu'un à l'abbé de Tralawnay, chef de la célèbre et riche famille anglaise qui est rentrée dans le sein de l'église catholique. Mais la mission fut refusée. Un juif converti du département du Bas-Rhin, nommé Gabriel, vit en ermite aux environs de Rome, et vient de temps en temps à la ville pour s'occuper du soulagement des malheureux au moyen d'aumônes qu'il va quêtant. Deutz lui fit dire qu'il était chargé d'une mission qui intéressait au plus haut point la religion, et qu'il lui fallait 600 piastres dont il n'avait pas le premier *bayoque*, attendu que Rome ne lui donnait rien, pas même pour ses frais de route.

Le saint ermite répondit que la chose était *faisable*, mais qu'il voulait avant tout consulter le Seigneur dans l'oraison. Quelques jours après il déclara qu'il *ne pouvait rien faire pour aider à ce voyage qui n'est pas selon Dieu.*

Personne n'ayant voulu donner l'hospitalité à Deutz lors de son dernier séjour à Rome, il s'installa presque de force chez les jésuites du collège romain. Les bons pères ne s'en soucient vraiment pas. Il y vivait à discrétion ; et quand ils allaient se promener en voiture, il disait, en rentrant, au frère portier : *payer le cocher*, comme si la communauté était tenu de lui entretenir équipage. Le matin de son départ, au lieu de laisser un souvenir, il emporta le bonnet de nuit qui appartenait à la maison.

En résumé les affaires de notre industriel allaient assez bien. Sa catholicité était d'un bon rapport. Malgré cela le dévôt spéculateur, toujours pauvre comme un rat d'église, était sans cesse aux expédiens pour *battre monnaie*.

(104) C'est de *Cologne* qu'il le lui avait marqué et non de Londres.

(105) S. Mathieu, XXVI. 48. Or le traître leur avait donné un signe disant : celui que je baiserai, c'est lui : saisissez-le.

(106) Le baptême imprimant un caractère indélébile, il ne dépend de personne qui a reçu le *thau de la vie*, de ne pas être chrétien.

(107) Il est juste de reconnaître que bien des israëlites au cœur haut placé, aux sentimens français, accablent Deutz de leur mépris tout autant que les chrétiens.

(108) Parmi les juifs, toute famille dont un membre se fait chrétien tombe dans l'opprobre ; et ne trouve pas facilement à contracter des alliances avec les familles *pures*.

Je rapporterai à ce sujet une anecdote assez risible. Une

jeune juive d'environ dix ans, vint un jour toute furieuse à la sacristie d'une église paroissiale de Strasbourg, et s'écria hors d'elle-même : *baptisez-moi, je veux être baptisée sur le champ !* On lui demanda la cause de son empressement. « C'est que, répondit-elle avec l'accent de la fureur mes parens ne cessent de me maltraiter. Je veux leur imprimer une *note d'infamie* (ein schandlleck) pour me venger d'eux. » Le bedeau entendant cela, lui dit : attends un peu ma petite. Il alla chercher sa canne et lui cria : voilà de quoi imprimer une *note d'infamie.* La petite juive s'enfuit à toutes jambes.

(109) Voy. plus haut

(110) Voy. plus haut

(111) Voy. plus haut

(112) Voy. la même.

(113) Voy. procès-verbal des séances de l'assemblée des députés français professant la religion juive, p. 169 et suivantes.

(114) Toutes les feuilles publiques ont donné la description de ce volume magnifique. Puisque nous en sommes aux révélations, je dirai ici que tous ces articles ont été copiés de la relation que M. Drach avait envoyée à un journal religieux de Paris. Et Deutz le représente comme persécuteur de ses anciens co-religionnaires ! M. Drach ennemis du *Judaïsme*, oui, mais ennemi des *juifs* jamais.

(115) Ces points sont dans l'œuvre de Deutz.

(116) Voy. plus haut.

(117) Deutz fit trois demandes l'une plus extravagante que l'autre. Le S. P. donna ces lettres à examiner à M. Drach. Voici le passage du rapport de ce dernier ; qui a trait à ces demandes.

« Projets divers et inconciliables, savoir : a. Celui de voyager moyennant une pension du Saint-Siége. b. Celui de fonder à Boston une imprimerie avec 2,000 piastres fournis par la caisse de la propagande. v. Celui d'aller au Brésil comme attaché à la nonciature de M. Ostini.

« Ici une voix plus forte que celle de l'affection du sang, la voix de la conscience... me prescrit impérieusement de faire observer à votre Sainteté que la versatilité de caractère de M. Deutz ne lui permettra jamais de réaliser un seul des nombreux projets, la plupart déraisonnables, qui se succèdent avec rapidité dans son ardente et creuse imagination. »

(118) M. Drach a demeuré quinze jours en 1831, dans ce monastère célèbre pour ses manuscrits et y a expliqué trois manuscrits en langues orientales que les savans, avant sa visite, avaient déclarés indéchiffrables. On conserve avec soin dans les archives du Mont-Cassin la notice sur ces précieux manuscrits, écrits par M. Drach.

(119) Une lettre du maréchal Bourmont.

(120) Ce signe d'exclamation suivi de quatre points, est dans l'œuvre de Deutz.

(121) Deutz n'a ni les qualités ni l'instruction nécessaire pour être auditeur d'une nonciature. Il ne sait pas seulement quels sont les devoirs de ce poste distingué.

(122) Terme grec; *qui hait les femmes.*

(123) Voy. plus haut.

(124) Après avoir refusé la direction d'un établissement aussi considérable que *l'imprimerie Royale*, vous ne trouvez pas même à vous placer comme *ouvrier*? Quelle dégringolade, mon cher?

(125) Deutz est encore moins capable d'enseigner l'Hé-

breu que le Français. Lecteur vous avez vu des échantillons de son Français,

(126) L'évêque catholique de Boston; monseigneur Fenwick.

(127) Un français aurait dit saint Patrice ; mais que le lecteur charitable se rappelle que Deutz est Prussien.

(128) Voy. surtout plus haut, chap. IV, sa conduite si révoltante envers M. Drach, son parent, son ami, son bienfaiteur.

(129) Beaucoup de personnes attestent que Deutz s'exprimait ainsi à Massa, mot pour mot.

(130) Ce qui dans les lettres de Deutz que je transcris, est renfermé entre deux crochets ( ) est dans l'original en hébréo-germain, jargon ordinaire des juifs.

(131) Deutz parle ici de son second voyage à Ham, revenant de Rome.

(132) L'expression originale *Hhafronça*, correspond aussi à *bande*, *clique*.

(133) Ce qui suit est en français dans l'original.

(134) Suppléez, *envoyée* ou *transmise*.

(135) Mesdemoiselles Drach ont été compagnes de pension de mademoiselle Lebeschu au couvent des Oiseaux ; rue de Sèvres.

(136) Remarquez qu'il n'est nullement question ici du mariage de MADEMOISELLE avec le roi de Portugal.

(137) Expression de l'original : *schemasunim alophim isch schaouleph hhére*.

(138) Texte : Dagegen auch *kan* ich sie *versichren* dasz ich mich nicht sparen werde. Mein Leben gebe ich *gern* her vsr (pour *für*) unserem Kœnig Henri.

(139) L'hébréo-germain.

(140) Le reste de cette lettre est en français.

(141) Saint Priest.

(142) Il y a tout lieu de douter que l'infidélité de Deutz date de si loin, voy. plus bas.

(143) Bien entendu si nous admettons le système de Deutz, d'après lequel il aurait écrit de *Madrid* à M. Montalivet.

(144) Deutz reconnaît lui-même (phamph. p. 31.) qu'il n'a pas eu d'audience de la reine.

(145) Ce point d'admiration est dans l'original.

(146) Dans l'original ce mot est souligné de trois traits.

(147) Don Miguel. La police de Lisbonne ordonna à Deutz, de partir *sous le plus bref délai*.

(148) La duchesse de Berry, sans doute.

(149) M. le général Dermoncourt dit (p. 249) : « En 1831, il (Deutz) revint en France, après avoir mangé les fonds destinés à ses livres. De la France il retourna en Italie. » C'est une erreur. Deutz partit de France en 1827, pour aller recevoir le baptême à Rome, et n'y remit plus le pied avant 1832, si ce n'est qu'en 1830, il passa par Marseille allant aux États-Unis.

(150) En examinant bien cette lettre, on voit que Deutz l'avait d'abord datée, et qu'il a ensuite enlevé la tête de la feuille.

(151) La lettre *mem* sous sa forme finale.

(152) Il y a ici un chiffre dont je n'ai pas la clef.

(153) Voy. S. Mathieu. XXVI. 14, 15.

(154) Le véridique Deutz dit (p. 33) QUARANTE millions. Un *peu* plus, un *peu* moins, n'importe.

(155) *Iscoblentz* signifie *homme de Coblentz*, comme *Iscariote* signifie *homme de Cariote*.

(156) Voy. l'avant dernière note.

(157) C'est ce qu'il répète neuf fois dans son libelle, p. 23, 33, 51 bis, 52, 59, 71, 74, 82.

(158) Il se vante de ce petit service seulement HUIT fois : pages 23, 33, 51 bis, 52, 71, 74, 82.

(159) Je cite l'ouvrage de cet honorable officier général, d'après la seconde édition. Paris 1833.

(160) La Vendée et Madame, p. 317.

(161) Deutz reconnaît lui-même (p. 25) que MADAME, en tentant une descente sur les côtes de Provence, se laissait bercer *d'un nouveau 20 mars, d'un second retour de l'île d'Elbe.* S. A. R. espérait donc aller tout droit à Paris, sans coup férir.

(162) Voy. plus haut.

(163) Le misérable espérait peut-être de trouver dans les flots de sang français qui allaient couler, cette *fortune* après laquelle il soupirait tant.

(164) V. plus haut sa lettre n. 23.

J'engage le ministre de l'intérieur ou le préfet de police, à faire prendre lecture des lettres de Deutz, n. 22 et 23, par un chrétien capable de traduire l'hébréo-germain. Le magistrat n'aura qu'à s'adresser au baron Sylv. de Sacy. Un juif n'en donnerait pas une traduction fidèle quand même on lui aurait fait prêter mille sermens.

(165) Voy. plus haut, chap. I.

(166) A Londres dans une bonne maison d'éducation, la pension et les frais d'entretien, sans les leçons d'agrémens, dépassent 100 livres sterling, pour chaque élève (2,500).

(167) Voy. plus haut chap. IV.

(168) Voy. La Vendée et Madame, p. 272.

(169) Et celui qui dit cela, c'est Deutz qui a imprimé une brochure pleine d'insignes mensonges !

(170) Ni l'assemblée des Notables juifs, ni le Sanhédrin, ni le Consistoire central, et encore moins le Consistoire départemental, n'ont jamais pu obtenir d'être présentés à l'Empereur. M. Furtado, président de l'assemblée des juifs, courut la poste après Napoléon, jusqu'en Pologne sans pouvoir obtenir une audience.

Sous l'ancien régime l'étiquette s'opposait à ce qu'un juif parut devant le roi.

(171) L'ordonnance royale se lisait dans le temple juif de la rue Notre-Dame-de-Nazareth, gravée en lettres d'or sur une table de marbre noir. Les pavés de juillet auront probablement écrasé cette marque de la gratitude israélite parisienne.

(172) Les journaux avaient dit que Deutz a de belles mains qu'il fait voir avec affectation.

FIN DES NOTES.

www.ingramcontent.com/pod-product-compliance
Lightning Source LLC
Chambersburg PA
CBHW051907160426
43198CB00012B/1792